吳信義著

文學叢刊

歲月行腳

——健群小品 第四集

文史哲出版社印行

國家圖書館出版品預行編目資料

歲月行腳：健群小品. 第四集 / 吳信義著. --
初版 -- 臺北市：文史哲, 民 109.01
頁； 公分--（文學叢刊；417）
ISBN 978-986-314-504-2（平裝）

863.55   108022971

文 學 叢 刊 417

歲月行腳：健群小品 第四集

著　　者：吳　　信　　義
出版者：文 史 哲 出 版 社
　　　　http://www.lapen.com.tw
　　　　e-mail：lapen@ms74.hinet.net
登記證字號：行政院新聞局版臺業字五三三七號
發 行 人：彭　　正　　雄
發 行 所：文 史 哲 出 版 社
印 刷 者：文 史 哲 出 版 社
臺北市羅斯福路一段七十二巷四號
郵政劃撥帳號：一六一八○一七五
電話886-2-23511028 ・ 傳真886-2-23965656

定價新臺幣四○○元

二○二○年（民一○九）元月初版

平凡之中　不平凡的人物

獻給"歲月行腳"作者及讀者

芸芸眾生，每個人的生命旅程因學習、感悟、工作、信仰，及奉獻心態的不同，也產生各色各樣不同的人生旅程。二年前渥承滕則權兄引介加入全統會，有緣認識了吳會長信義兄。

每月參加全統會的早餐會，也因此認識許多朋友，會裡真是藏龍臥虎，英雄豪傑多的是。然而今我特別感悟的是：按月需要舉行的早餐會，訂席、通知、聯絡、協調、接待、安排席位，演講主題、主講人，無一不需逐項預先規劃好，吳會長可真辛苦了！個人擔任教職、公職數十年，職場生涯中，也曾多次擔任各類社團負責人，深悟：各類社團就等於是一個小社會，小型的家邦，領導人非常重要。設若沒有組織能力、不具備領導才華，非常不容易引領社團充分發揮社團成立的宗旨、充分發揮社團對國家社會應盡責任與義務，相信有目共睹，吳會長都做到了。

更可貴的是吳會長　在"歲月行腳"　一書中表達了他寫小品文的理念：積極、樂觀、慈悲、善念代表了他的人生價值觀，都是值得我們學習的。其次在他小品文字裡行間，也令人感悟到他星雲大師的忠實信徒；雲星大師倡導三好運動：『做好事、說好話、存好心』，全統會平日活動，吳會長將星雲大師的三好運動發揮達到

淋漓盡致。

　　九月間吳會長也為全統會組團至北京、天津等地，為兩岸參訪文化交流增添正能量，實是吻合本會:民主和平統一中國的宗旨。實際亦是藉著實踐星雲大師四給運動『給人信心、給人歡喜、給人希望、給人方便」給兩岸和平、和諧，做出莫大的貢獻。吾人至信:吳信義會長帶領下，完全可以落實全統會的宗旨，實亦是吳會長以積極、樂觀、慈悲的價值觀充分表現在兩岸和平、和諧的大業上，為他本人增添德業，為兩岸炎黃子孫造福。

維揚藝文學會會長李增邦(興邦)
中國全民民主統一會首席顧問
民國一○八年十月二十六日

洪　序

　　我與信義兄的結緣，早已在同期同學與同行（軍、教職）某些活動中的接觸，使我對他留下深刻的印象。但是，由於各自所選擇的生涯發展路徑不同，以致於少有機會深入交往。自民國 103 年起，有幸覽閱他先後出版的三部小品文集以來，對他更有了進一步的認識。「文如其人」，讀信義兄小品佳文，其為人風範，人生價值觀等躍於紙上，令人讚賞。

　　信義兄是我在政工幹校（現國防大學政戰學院前身）政治系 14 期 57 年班畢業同學。由於我在去年被同學推選為第九屆同學會會長，信義兄概允擔任服務團隊資訊顧問，因而囑咐我為他即將出版的新作表達幾句感言。這是我的榮幸，也為「老」同學的「老而不朽」高興。

　　最令人感動和敬佩的是，信義兄一生中所展現的恆心與毅力。這是他迄今能在年過七十、短短數年內連續出版四本膾炙人口的文集的動力。而這份動能，乃源自他自學生時代即已養成的，隨時記錄（日記或短文）所作所為與所見所感的習慣，這不是大多數人所能做得到的。這份恆心毅力使他「人生不留白」，完整保持一生走過的痕跡，也造就今日令人欽羨的成就。此外，他對運動的持之以恆，學習電腦資訊技能的運用，經營部落格，乃至學

習國標舞等，都是受到恆心毅力的驅動，帶給他迄今身體健康、生活充實的福份。

信義兄的豁達心態和中道正向人生觀，也令人讚賞。這從他的自我個性的描述和對人、事、物所見所聞的省思感觸，可以充份的顯現出來。他在文中自述個性是：樂觀開朗，豁達逗趣，所以能隨緣自在，正向思考；個人不爭名利，看淡得失，不與人辯是非、論長短、爭輸贏，所以沒有煩惱，且能廣結善緣，喜樂自在。因而，他在 Line 上提出「豁達、樂觀、慈悲、善念」以自勉。

信義兄所一再強調的正向思考，除了由於他的個性使然外，也表現在他對個人修心養性與人生觀的認知、態度與修行上，而其實現則在於他在文中不斷強調的個人的智慧選擇。正如他所言，「要時時學會忘與記，記是聰明，忘是智慧，是修養」；「凡事能圓融，亦是人生的智慧」；「情愛有罣礙，如何善後要靠智慧」；養生之道，在於不計較，能放下，「事過即忘了」，是最高智慧的展現；要選擇樂觀、積極、正向的人生觀，還是悲觀、消極、負面的人生，端看你的智慧；「退休的人要找出一片天，做快樂的自己，是智者」；如何面對莊子所警惕的五種心境（比較、虛榮、偏執、貪戀、是非）的考驗，「端看個人的修養與智慧」。信義兄這種正向思考，除了早年所接受的傳統儒家思想的薰陶之外，也得力於他晚年潛修佛學圓融的智慧所致。

信義兄指出思想觀念會隨心境和時空的轉移而改變。他連續完成的四本文集，同樣凸顯他思想觀念由青、中年到七十歲後老年的改變。他為銀髮族撰寫「老人學」，不僅提供同年層老人養生

參考，對於青、中年人而言，也增加他們對「老人們」的認識，大有助於他們與長輩的相處與照顧，以及對他們本身也終將步入老人行列之前的心理準備。信義兄的出書對讀者而言，這是一種無私的奉獻－「己立立人，己達達人」。

信義兄對於人生意義與價值的領悟與追求，大部分原因來自他個人持續對新知識的吸取，他、我可貴經驗的體認，勤於獨處筆耕的收穫，以及他善於從獨處的感悟和友聚中的啟發。他說：「退休的人應學會獨處，找尋思考的快樂，唯有獨處才能靜心，閱讀寫作，思考自省」。

當今資訊科技革命時代，養生之說，無論是中西醫、藥學家的研究發現或健康長壽者的養生經驗談，均充斥於網際網路和社群媒體，提供人們各種所需的選擇。信義兄 70 歲以上的老人養生之道，同樣提供我們同年齡層老人的不錯的選擇，受益菲淺。

根據新興的「老人學」（gerontology）與腦神經科學研究，證明人「越老越正向，而且富有智慧、創造力」。例如，根據美國史丹佛大學長壽研究中心創始人卡斯坦森博士（Dr.Laura Cartensen）的研究，她所建構的「社會情緒性選擇理論」（或稱「壽命理論」）指出了，老年人在情緒控制上優於年輕人，而在負向情緒經驗上則較少。人老較會以「不再去想那些問題」的方法面對生命的短促，因而相對地更富於正向。這項發現印證了信義兄所強調的，正向思考與能忘是智慧的見解。

信義兄在本文集中，對於政治談的並不多，只約略提到兩位前軍、警界的政治前輩－許歷農上將與王化榛警政名人暨前國民

大會代表，對時局、國事的卓見。但他本人長久以來持續關心國事，且熱心參與「全統會」活動，目前擔任中國全民民民主統會長，致力於兩岸的和平交流。在今日自由多元社會中，任何政治團體或個人的主張和論述，都是憲法所保障的言論自由，也是未來台灣發展前途的可能選項。儘管各自所持立場不同，但都應相互尊重和包容，而不宜相互否定，包括台灣內部政黨間、族群間，或兩岸政府之間。信義兄一路走來，始終如一的堅持民主與和平的統一信念，是從宏觀面看待未來中華民族國家發展願景的有識之士，他的正向執著同樣令人敬佩。

欣逢信義兄新書出版，非常恭喜你!也期待不斷地看到你的新作，並祝福你名列百歲人瑞!

洪陸訓 民國一○八年十一月十一日
復興崗 14 期同學會第九屆會長
國防大學政戰學院政治系退休教授

自　序

「歲月行腳」～健群小品第四集一書，二百篇小品文於 108 年 3 月完成，為承諾兩年出一本書的心願，我延遲至 109 年元月出版(註)，如今「歲月留痕」～健群小品第五集，又寫好百餘篇。

是生活點滴的記實，將近九百多篇的見聞，許多題目雖相同，但時空情境有別，感觸當然不同，同理；每人見解亦不同，天下事物本沒對錯，隨時空環境會改變看法，大家是否能客觀理解最重要。

本書特別邀請 14 期第九屆同學會洪會長陸訓教授，暨中國全民民主統一會，首席顧問李理事長興邦兄，分別賜予（序文），深感榮幸，承蒙彩墨山水名畫家李沃源大師提供本書封面，增色光彩。名詩人台客（廖振卿）義務校稿，文史哲出版社彭社長正雄兄及雅雲女士費心編排，一併致以謝忱。

小品文都是內心肺腑之言，以積極、樂觀、慈悲、善念之正能量，提供短文雅賞，是一股小清流激勵人心，希望微薄心願能

傳播，我的心情寫實，如能成為您床頭書及精神糧食，當無限榮幸。

　　註：2014 年九月：所見所聞所思所感～健群小品第一集
　　　　2016 年七月：芝山雅舍～健群小品第二集
　　　　2018 年三月：健群小品第三集
　　　　2020 年元月：歲月行腳～健群小品第四集

　　　　　　　　　　　　　　　　吳信義 2020.01.02

歲 月 行 腳

——健群小品（四）

目　次

1. 有恆健走

當您羨慕與您同年齡的親朋好友，看來比您年輕健康的同時，您是否想到別人為身心健康所付出的努力？在 2018 新年伊始，我願提出個人養生保健的幾個堅持，與好友共勉！

運動種類何其多，您要選擇時空環境許可又方便行事的運動。我退休後，因住家附近有芝山公園、雙溪河濱公園及雨農國小等地利之便，這些地方成為我每天晨昏健走的好去處。外在環境的天時與地利，雖然不能擁有，但我每天可以享有。

健走是每天晨昏固定的功課，退休後能持之以恆，體會身心康健的益處與可貴。睡眠充足加上有午休習慣，養足每天精氣神。飲食有度，不過量，牙齒好，腸胃負擔少。飲酒適量不傷身。好心態看待任何事情，是正能量的、樂觀的、陽光的好心情，對健康是加分。軍人規律生活是早睡早起，生理時鐘使然，躺到床上幾分鐘內就睡著，羨慕許多人，這是有福之人。

如果每天健走可以身心健康無病痛又年輕，我願意。以上談養生保健沒有大道理，但能堅持有恆必竟其功。多少深奧的養生之法，並非人人適宜，選擇容易做到持之以恆，身心必康健，如是淺見。

2018.01.01

2. 歡唱留影

　　智慧型手機等同電腦功能，可以照相加上錄影，致昔日單眼相機被束之高閣，可見資訊突飛猛進，改變了人們許多生活方式。

　　2018 年的第二天，我與友人來到一家台北很有名氣的星聚點文創美食 KTV，在包廂內點取老歌歡唱錄影，一口氣錄了四首，其中一首台語老歌是方瑞娥 2012 年 3 月 25 日唱得最好聽最有感情最有味的「舊情」、國語老歌分別是「離情」、「另一種鄉愁」、及「女人花」，回家聽聽自己唱歌的缺點，做為修正，亦可比較有否進步？選擇唱自己適合聲調的歌，熟練的歌很重要，聽說日本人唱歌先評比哪首歌哪一位歌星唱得最好，他便能獲得專屬主唱，我認識一友人他唱的歌是經過兩百遍以上的反覆練習，才能上台獻唱，可見他的用心。

　　唱歌被列入有益身心健康 20 項中的第一名，因唱歌除了可以舒暢心情，是對五臟新陳代謝循環最好運動，對身心健康有益。與好友歡唱是眾樂樂，與好友常聚除了聚餐把酒言歡，是件讓人開懷且開心的事。您以為然否？

2018.01.03

3. 健群小品（三）自序

　　2016 年 5 月 25 日開始「健群小品～3」為文「隨緣分際」，至 2017 年 12 月 31 日寫「歲末有感」止，計 200 篇，前後約一年半，這是我每週二至三篇累積的生活回顧。

　　我會持續以小品文題材記載，讓我七十歲以後的人生仍然是多采且不留白。年青時的夢想，於近耄耋之年實現，在餘命之暮年，只要身心靈健康我會堅持寫下去，畢竟這是我的心願。

　　感謝藝術系邢萬齡同學(牡丹大師)應允本書封面設計並為序，另要向文史哲出版社社長彭兄正雄、14 期第八屆會長高祖懷將軍及台灣大學退休人員聯誼會理事長吳元俊加上我社大心靈哲學班班長稽佩英女士等五位好友分別賜序，由衷感謝。

2018.01.04

4. 無怨無悔

　　世上唯有父母對子女無私的愛，一生一世是無怨無悔。最近看到周遭親友為子女付出的犧牲奉獻，感悟更深。父母從子女幼小拉拔長大，求學到就業到成長，至少要付出三十年以上的青春歲月。好不容易盼望子女成家立業，接著又要幫忙子女照顧下一代。為人公婆理所當然疼愛孫子，為了照顧第三代付出更多心思勞力。除了不能遠遊、不能參加應酬，退休後美其名含怡弄孫，事實上為第三代的照顧付出，時間上已被綁架了。

　　閩南語有句話「歡喜做，甘願受」，道盡父母為子女無怨無悔的付出。時今父母已領悟一句話：「父母的家是子女的家，子女的家父母只能像過客。」換言之父母的動產、不動產所有的一切，將來都是子女的。之故，辛苦所得的金錢當花則用，節省所餘，將來是子女所有，順理成章理所當然，子女未必心存感激。並非不愛子女，而是年歲時不我予，該思考善待自己，而非永無休止的為子女付出。

　　誰言寸草心，報得三春暉！子女何曾想過？子女不管是討債還債，在有生之年要及時適可而止。

2018.01.06

5. 校友情深

　　我對復興崗有很深的情感，除了四年的大學生活，加上 21 年返回母校服務的因緣，那是我青春歲月年華的記憶，如學校的一草一木，校園的許多場景，都留下我的足跡。82 年離開復興崗到台灣大學服務，台大成為我退休後另一活動的場所，如台大退休聯誼會活動、登山社、台大退聯會歌唱班及台大聯合服務中心志工。

　　我非台大校友，但如今是台大退休教職員，是台大退休聯誼會永久會員，這是得之不易的情感，但心中念茲在茲的是復興崗革命情感的校友情。近六年來每年校慶我都應邀出席，看到昔日健在的師長逾八、九十高齡，看到後期學弟妹，個個都有成就，欣慰是復興崗教育的成功。

　　我敢直言，很少有大學像軍事院校校友的團結，近一年來在立法院抗爭政府違憲違法的年金改革，由軍事院校組成的八百壯士，一起「埋鍋造飯」參加抗爭行為，唯賴軍事院校校友革命情感主動參與，充分表現軍事院校獨特的校友情懷。國家有難，戰事發生，軍人走在前鋒，執政者政策有錯，軍人義不容辭，為社會公平正義訴求走向街頭，一年來八百壯士義舉，看到軍事院校校友情，令人感動。　　　　　　　　　2018.01.08

6. 望山觀水

連續幾天的陰雨，氣溫降低到攝氏十幾度，台北感覺濕冷，今天陽光露臉，健走於雙溪河濱公園，晒著冬天的太陽，倍感溫暖。

因雨使溪水高漲而湍急，此刻我坐在河岸溪旁，看到成群結隊的外來種八哥，還有長腳白鷺鷥涉水於溪流中。看鳥天天忙覓食，好似知餓不知飽。於雨農橋上車輛往來，都是趕赴上班群族。退休的我才有此悠閒，望山觀水，看溪賞鳥，何其幸福！

雙溪河濱兩岸是美侖美奐的步道，我常健走其間，享受遠望陽明山，近看潺潺溪水，及享受冬天太陽的溫暖，在台北近郊獨有。忙碌生活中鮮少人可以靜下心，觀山賞景，看水賞鳥，這是靜坐孤獨的享有，曾幾何時有此閒情雅興，此刻的當下我擁有。

2018.01.10

7. 是中年人

聯合國世界衛生組織對年齡劃分標準作出了新的規定，依規定將人的一生分為五個年齡段。

1、未成年 0－17 歲

2、青年人 18－65 歲

3、中年人 66 － 79 歲

4、老年人 80－99 歲

5、長壽老人 100 歲以上以上是當今世界上通用的年齡劃分標準。

我非常認同此一年齡劃分標準，當今人類普遍長壽，這是科技醫學所賜，加上現代人都注重養生保健。憶二十幾年前有人六十做壽，如今要八十才敢言壽，可見年齡年輕至少二十歲。君不見時下八、九十歲之人，看似六、七十歲。長壽人口老年化已普遍存在，政府推出長照計劃是符合且因應時代需求。

如何看起來年輕，首先在心態上要很陽光，樂觀、開朗、心情好，外表儀容及穿著上要講究，女人出門要化粧才亮麗，男人又何嘗例外！在心理上要有一顆年輕的心，生活上要趕上時代流行腳步，多運動可以緩慢生理上老化，走路健步而不蹣跚，讓您年輕十歲。君不見年歲越大長者，穿著上越時髦，就顯年輕，以上個人淺見，提供友人參考。　　　　　2018.01.14

8. 享受獨處

　　我從小一直是很內向的人，A 型加上射手座的性格，可以詮釋。起碼高中以前的我是如此，軍校教育確實改變了我，一改過去沉默寡言，在好友相聚的場合，我會談笑風生，幽默逗趣，一點都不像高中時代以前的自己，害躁寡言。

　　雖然有人說教育可以改變氣質及個性，但有人認為秉性難改，個性亦然，也許是修養上比較能隱藏內斂，就如 EQ 是可以學習的。喜歡獨處是最好捕捉寫作時機，我的小品文泰半是獨自健走中產生文思靈感，加上與好友聊談得到啟發。前者是獨處感悟，後者是大家的共同啟示。我認識台大一位志工好友許老師，他大部分時間投入於植物生態之研究，以擔任志工為樂。每於志工研習中，為我們介紹台大校園內許多植物，去年還遠赴英國倫敦各大學，與學生參觀校園景觀設計，順便認識植物生態，拍了許多不同季節的花草植物，為我們一一介紹，看到國外重視生態景觀設計環境，讓我們大開視野。

　　許老師喜歡享受孤獨，常獨自登山探究各不同植物的生態。我亦能享受獨處的快樂，思考自我，免受外在許多人事地物的影響。也唯有獨處才能靜心，或看書寫作，常能獨處才有空間思考自省。否則每天忙忙碌碌失去自我，退休的人應學會獨處，找尋思考的快樂。

2018.01.16

9. 再談獨處

　　人終其一生，要做獨居的心理準備，父母先行離開是普遍必然，夫妻終老必有一人先行，子女忙於事業家庭，亦不可能伴陪。老來無伴之下，養老院、養生村成為最好的去處，因為這理有許多老人，可能是您餘生最後的老伴，這是人生終其獨處的必然過程。

　　也許有人害怕獨處，因為內心的孤獨寂寞會慢慢被蠶食。此時如果您有宗教信仰，有正當娛樂，有適當消遣，有田野之樂，有書琴藝術，都不難排解孤寂獨處之苦。我喜歡晨起在電腦前的獨處之樂，可以享受浩瀚的新知，可以分享很好的資訊享眾樂。除此晨昏健走亦是最好的獨處。

　　長壽者，要面臨自食其力獨處的時間愈長，如生活可以自理，不必依賴子女。兩代之間，心無罣礙，萬一獨處需要人照顧，最好入住養老院或養生村，這是最理想首選。畢竟有那麼一天，您將終老往生。

2018.01.18

10. 生死兩心情

　　生的喜悅，親友為您祝賀；死的悲痛，親友為您哀傷。生死悲喜兩樣情，這就是人生，。生離死別是人生過程，無人能倖免。人人必須面對，人人必須調適，人人必須釋懷，誠如聖嚴法師所說，遇到問題，第一個就是面對它，第二個接受它，第三個處理它，第四個放下它，生死大事亦如是。

　　有人說生命如朝露，稍縱即逝，應把握當下，珍惜生命，因為誰也無法掌握過客的人生。生死是因果，生命從開始，就慢慢走向死亡，生命重在過程，死亡結果是一樣，只是您不知何時結束過程，這才弔詭，無人能預知。之故，愛惜有限的生命，必須樂活當下，人人都知道，但行之者難。

　　家財萬貫者要先立下遺囑，以免子孫後代為爭財產傷了親情，豈非罣礙？近一、二十年來，生命紀念館陸續推出靈骨塔，修建美侖美奐，許多人預購身後安頓的塔位，另加生命契約，往生後有專責單位辦理喪事安排事宜，不讓後代子女煩惱。生前可選擇往生安頓之地，有錢可以配合時代潮流的走向。當您有一天您面對死亡時能否放下？

2018.01.21

11. 桂花飄香

　　隣居忍受不了堆置有機肥惡臭，狀告都發局，由台北市政府都市發展局來函限期執行清空。因緣下八 F 友人移除許多盆栽，我得以認養兩株桂花，今上午整理後，放置我後洋台。午憩時已有陣陣桂花香伴眠。

　　母親姓蘇單名桂，記得父親曾說每看桂花聞香就想念母親。今雙親已逝，我思念之餘，睹物思情，對這兩株桂花盆栽有分特殊情感，可以經常回憶母親。半年前宜蘭錦璋兄送我一株酒瓶蘭又名珊瑚蘭，置於洋台上，長長的葉如傘狀綻開，美不勝收。但此蘭要八年才開花，其花味腥臭難聞，遭來蒼蠅，花開花謝又有新的下一代成長，這是錦璋兄介紹此花特色。

　　住公寓大樓，沒有空間栽植花木，我在主臥房及客廳前小洋台種滿盆栽，以富貴樹可以長年青綠茂盛，為我所鍾愛。近二十年來已長高數尺，夏可遮陽平時又養眼，每天澆水愛心無限，彼此互愛的感應，植物亦有情，終年長綠回饋。

2018.01.22

12. 知福惜福

　　入冬以來，全世界許多地方溫度下降，有零下三度到五十度地區，天寒地凍，讓人無法相像人類可以克服冰天雪地環境下而生存。台灣四季如春是寶島，我們生於斯長於斯，更應惜福。

　　臺灣位在北緯約 22°～25°之間，是屬於熱帶氣候區的北緣和溫帶氣候區的南緣，即亞熱帶地區，北回歸線橫貫其間，尚有春夏秋冬之時節。中南半島五個國家：越南、寮國、柬埔寨、泰國、緬甸。南洋群島六個國家：馬來西亞、印尼、菲律賓、汶萊、新加坡、東帝汶。緯度在赤道兩側，日照強烈，蒸發旺盛，屬對流雨，一年四季都是夏天，他們一生中不必備寒冬衣服。

　　去年十二月中旬赴南京參訪，當地出現攝氏五、六度天氣寒冷，在台灣買了禦寒短夾克大衣，派上了用場。返台後沒有機會再穿它，將之束諸高閣。可見氣候溫和的寶島，大衣、皮衣、風衣都無用武之地。這正是我們的福氣，沒有寒流來襲，中南部炎陽下仿如春夏，唯一災害是夏天颱風帶來豪雨成災，農作物受損，除此可謂人間仙境。台灣四季如春是寶島，有著水果王國的稱號，因地處亞熱帶，擁有得天獨厚的條件，一年四季均有水果的出產，從香蕉，鳳梨、蘋果、橘子、芒果、黑珍珠、棗子，因為優良的農改技術，得以讓品質聞名海內外。人在福中往往不知福，更惶惜福，看到世界各地天災人禍天天發生，退一步設身處地想想，您我何其有幸，生長在寶島台灣。　　　　　　　2018.01.25

13. 認知需求

　　每天數以百計的資訊，從電子信箱、網路、臉書、Line 及微信等管道傳來，讓您眼花撩亂，無所選擇。此時您的認知需求決定取捨，因每人價值觀有別，靠的是您的判斷。

　　心理學告知：「認知需求得到滿足就是快樂」。因此人人追求的快樂有別，不要批評別人的快樂，如抽煙、喝酒、打牌等娛樂。他們即使知道這些嗜好對身心健康有害，但當下的快樂非他人體會。因此您只能規勸而不能批評。

　　網際網路資訊多如麻，應驗古人所說「盡信書不如無書」。如今却不能盡信網路却無資訊，信與不信是智慧旳選擇。愛其所愛，愛所選擇，自己去承擔，一生中有多少明智取捨，除了親友寶貴意見，最後仍靠您決定。之故，決定認知需求前要思考，沒有對錯條件下，只有適與不適。您以為呢？

2018.01.28

14. 珍惜健康

　　週前搬物彎腰不慎，背肌拉傷，雖小傷但行走腰疼，。第二天就近陽明醫院看診，復健科大夫告知肌肉拉傷，俗稱「閃腰」。開了一週藥並同時配合復健，睡前服一顆如來舒膠囊，此乃肌肉鬆弛劑，早餐後一顆希樂葆膠囊，俗稱止痛藥，很快即緩解疼痛。

　　有感七十歲以後，身體機能慢慢退化，不如從前靈活矯健，任何行住坐臥都要不急不緩，才可避免運動傷害，更要注意行車走路之安全。許多人因意外車禍不良於行，加速老化，時時提醒上下車及階梯不能有所閃失。意外事故發生，輕者皮肉骨折之傷，重者有傷殘癱瘓之疾，不得不慎！常見老一輩友人因意外事故而躺臥病床，甚至身亡，實為不幸。

　　人是最能適應環境的動物，但當您受到外在傷害是不堪一擊。有鑑於此，珍惜健康是遲暮之年，最重要的課題，願好友們共勉！擁有健康才有快樂晚年。老來幸福有賴身心健康，生活能自理，不依賴才沒罣礙。

2018.01.30

15. 電腦診所

電腦診所望文生意，即電腦有毛病就診的場所。靠德行東路巷弄中，有一家電腦診所，我好奇與主人陳老師聊談，知道他是某高中退休老師，因兩位小孩是資訊達人，自己也鑽研電腦，舉凡維修保養及加裝各式軟體都有服務，進屋看到堆滿電腦等待維修，他每天忙與電腦為伍，成了退休後另一職場。

認識陳老師後，電腦換新就不必捨近求遠，不定期保養亦方便，最近發現滑鼠複製反白功能有異，以為鍵盤、滑鼠故障，經檢測後得知電腦中毒，掃除並保養後已解決！電腦功能受病毒危害需要掃毒防毒，電腦硬體本身像人身體，一年半載要保養維修，一些零件有使用年限，定期更新才能永固，交給專業，就能免於故障的煩惱。

電腦附件有鍵盤、滑鼠及音箱音響，都互有關連，一有毛病是整體檢測。像似人體健康檢查，保養重於修護，修護重於購置，任何萬物有生住異滅，成住壞空，生活週遭使用東西不無例外，瞭解有為法，應作如是觀。

2018.02.01

16. 賞花觀木

　　從雨農國小正門走進去，左邊有 11 株高達三層樓的台灣杉木，右邊靠教室旁有十幾棵茶花樹，操場週邊圍牆種了許多老榕樹。走進校園，發現花木之美，也見證學校歷史悠久，至今整整一甲子。

　　茶花此時正逢開花季節，很美的粉紅色花朵盛開爭艷，含苞待放的花蕊結滿於枝頭，每年春節期間前後一、二個月綻放，讓人賞心悅目，陽明醫院地面停車場週邊，亦種植許多山茶花，有粉紅色有純潔白色，參差其間，賞花美，心情更美。我記得陽明山茶花林步道，位於陽明山湖山路一段與第二停車場的一條山間小徑，可通往遊客服務中心，約有三、四百公尺的茶花步道，茶花有一、二丈高，走在其間要遠觀或近仰視，才能欣賞盛開茶花之美。有潔白色、淺黃色、粉紅色等，花齡應四、五十年以上，雖是老茶樹，但開起花仍美不勝收。自然界陪襯許多不同季節的花木，要懂得欣賞才是真正享有。

　　春有百花秋有月，夏有涼風冬有雪。多少人能品味其美？冬去春來，許多樹木花草即將變裝，四季變化是美景。有感花開之美，花謝之萎，此乃自然生滅循環之必然，人的生死又豈能例外？能自在解脫，解脫自在的人，才可以看淡生死吧！

2018.02.03

17. 天災意外

　　在台灣常見兩種天災意外，其一、地震，一瞬間，家毀人亡；其二、颱風，一來襲，屋毀樹倒。前者很難預測防範，後者可預知，但災難使人家破人亡。這兩種天災意外，是居在台灣百姓的共業。

　　很巧是兩年前二月六日在美濃維冠大樓倒塌，造成 115 人死亡，在兩年後同日花蓮統帥大飯店傾斜下陷，都是六級以上地震造成意外傷亡。天災不可逆，人禍可以防。就像美國常發生颶風、龍捲風肆虐一樣。我們每年夏天，總是害怕颱風來襲的斷水斷電，或水災造成傷亡，加上地震造成交通橋樑或山崩路斷的不便。年年有災情這是住在台灣地區人民的宿命。

　　花蓮六日晚間 11 時 50 分發生規模 6.0 有感地震，造成 10 死265 傷 58 失蹤之悲劇，這是天災不可防。每年因地震颱風造成損傷無以計數，雖是意外的必然，是否可以避免，那就是禍福一瞬間。

2018.02.07

18. 家鴿與斑鳩

　　在雙溪河濱公園漫步，看到一群飛翔的鴿子，仔細一看，是有人飼養的家鴿。牠們享受溫暖的家，又享受外放自由飛翔的日子，表象看，比起一般野生斑鳩幸福多了，其實未必然。

　　我曾為文，您要做隻養尊處優的家鴿，還是要做隻自由自在飛翔的斑鳩呢？家鴿有鴿舍、有餵食、有放風自由；斑鳩無固定住所、無人餵食，每天要忍受風吹雨打日晒雨淋，還要自行覓食，但能享受自由自在的生活。此比喻一些單身老榮民，為追求自在生活，捨榮家而獨自租屋自謀生活。老榮民認為在軍中一輩子受到約束生活，退伍後寧願享受自由自在沒有被管理的日子，住在榮家生活雖無慮，却還受到約束，這是每人的價值觀，沒有對錯。

　　這使我聯想到，裴多菲‧山陀爾(ShandorPetefi,1823—1849)(匈牙利人)於1847年寫下的詩篇《自由與愛情》。中的一句名言「生命誠可貴，愛情價更高；但為自由故，兩者皆可拋。」德國哲學家尼采的名言：「受苦的人，沒有悲觀的權利」以上兩句名言其實說明人類爭取自由的可貴。受苦的人(坐牢獄者)已失去了自由，故無悲觀權利，足證自由之可貴。結語是我寧選斑鳩而不做家鴿。

2018.02.10

19. 音樂之美

　　音樂可以調劑身心，唱歌可以自娛又娛人。聽聽不同美妙樂器的弦律，讓人身心舒暢。我很羨慕會彈鋼琴彈吉他、拉二胡的人，這是大眾化的樂器，可惜我都沒機會接觸而學習它，至今引以為憾。

　　父親擅長吹奏口琴，當年四、五十年代，沒有什麼娛樂，父親閒來吹奏好聽的日本歌曲，耳濡目染下，我高中時就無師自通，只要會哼的歌曲，不看曲譜自然就能吹奏，因熟能生巧，一般流行歌曲亦不例外。大學社團參加口琴社，每週六有兩個小時練習，樂學當中，如今已四十多年沒接觸，恐已生疏。隨著各種音響科技的演進，從錄影帶到卡式音樂帶，進步到 CD、VCD 片，聽唱音樂隨手可得，口琴早已不實用，如今年輕人應不知口琴為何物。音樂始終離不開生活，近二十多年來的 KTV 及卡拉 OK 是練唱好去處。時下年輕人常到這些地方，除以歌會友外，人人練就好歌聲，幾乎大家都是歌手，這股流行風潮是居住大城市者最好的娛樂與消遣。

　　音樂始終離不開生活。當您心情不好時，聽聽音樂可解愁。最近網路流傳有益身心健康排行榜，唱歌是其一。音樂是一種創造性的活動，不但可以愉悅身心，有研究證明，唱歌可以促進一種感覺，在人體內產生良好的荷爾蒙，又是五臟六腑最好運動，有益身心健康。　　　　　　　　　　　2018.02.11

20. 茶與咖啡

　　現代人生活總離不開飲茶、喝咖啡，這兩種舒解身心的飲料，成為大家共同的嗜好，而且是有益身心的公關交際。

　　通常我午憩之後在家泡茶，幾十年來友人陸續送我年度限量版的手工壺，好壺好茶加上親自沏泡的茶特別香醇，這是生活一大享受壺喝咖啡的時機通常是幾位友人聚餐之後的餘興，我曾在圓山大飯店及華國大飯店喝過一杯 220 元咖啡，在一般咖啡廳貴者一杯 140 元－160 元，在超商 45 元紙杯，沒有喝咖啡的氣氛。在五星級大飯店自助餐，提供的咖啡，再配上好吃的糕點，我們形容有舌尖的幸福！可見喝咖啡因地點價格有別。聽說與咖啡豆產地以及新鮮度有關。茶葉好壞價格落差很大，一般 1500 元～2000 元一斤的高山茶就很好喝，聽說越南進口茶含有大量輻射有害物質，雖便宜但最好莫喝。

　　順口溜很押韻，喝咖啡聊是非，許多年輕人到咖啡廳通常帶筆電，叫杯咖啡可以長坐數小時，因此好地點咖啡廳，總是座無虛席，甚至要先訂位。難怪台北咖啡店到處可尋，倒是提供品茗的茶莊有限！通常在家中備有泡茶設備，隨時邀請三、五好友喝茶聊天。

　　台北咖啡廳林立，可見大家喝咖啡的風尚，幾乎家家滿座，談心、談情、談生意、看網路做功課，冬有暖氣、夏有冷氣，比家中舒適，是人人樂於一杯在手樂消遙的好去處。　2018.02.12

21. 悠然自得

　　台北連續十幾天的陰雨，加上寒流來襲，濕冷天氣讓人很難心情舒適。這兩天喜見陽光，走到雙溪河濱公園，獨坐河堤台階上，看潺潺的溪水，享受冬天溫暖的陽光，一樂也。

　　過年前忙裡偷閒，在河堤步道看到賞鳥協會的人，指手劃腳，眺望遠處的禽鳥生態。背著重重的長鏡頭相機不以為苦，其樂也！蹓狗健走的人，一舉兩得，主人高興，狗亦自由奔馳，相信狗隻很快樂！我留意來去匆匆的行人，揣摩他們的心境，在忙碌生活中有幾人會停下腳步，感受悠閒的世界。其實每人，內心的世界只有自己懂，別人是很難解讀，除非兩人談心訴情，那是忘年之交才有。走回芝山巖步道，有人手牽幾隻狗，其中一隻大型犬，主人為他掛上一則標語：「我很乖不會咬人」，狗不語，主人代言了，讓我莞爾一笑。生活有感記錄此刻心情，隨記在手機上，回家即可轉 PO 部落格分享，我的快樂生活，記錄此刻心境。

　　智慧型手機，方便隨身筆記，適時捕捉靈感，我的生活小品一篇即完成，友人訝異我勤於筆耕，不然，舉手之勞。

2018.02.14

22. 友情常存

　　往昔每逢春節前，收到賀年卡及電話拜年，那是十幾年前往事，曾幾何時已完全改變！如今已被 Line 或免費電話取代了，此舉乃顛覆了傳統。這兩天收到久違的朋友，陸續傳來 Line 上的問候與祝福，雖然平時鮮少連絡往來，但能體會彼此友情常在，Line 拾回友人的信息。

　　網路帶來大家連絡的平台，群組一個信息幾十人、幾百人，都能傳知，資訊帶來省時、省電、省郵件之便，是現代人之福。一則 Line 信息，一通 Line 免費電話，拉近了遠方親情友情的時空距離。視訊可互見對方，一解思愁，在以前是不可想像。

　　如今我們都享有便捷的資訊，資訊日新月異，要跟上時尚潮流，否則是時代的邊緣人！試想一日無社會新聞，一日無資訊生活，人生是多麼乏味而孤獨呀！

2018.02.16

23. 校稿有感

答應出版社，過完春節年假，將新書《健群小品第三集》文稿校對畢，這兩天有空就校稿。我非常感謝好友廖振卿君(台客)，花了數天將我 200 篇小品校對畢，據出版社雅雲小姐告知，他校對很仔細，連標點符號都指正，並請我最後再檢視即可。台客主編葡萄園詩刊二十年，編校經驗豐富，請他校稿是最佳人選。我除了在自序感謝他，亦在本文再次言謝！

有感：「校別人稿易，校自己文難」，因主觀條件下有盲點。我一位學新聞的樹雲兄曾主動為我《芝山雅舍》一書校稿，他說文章一校、二校甚至五次以上，都可能有錯字或不當用句，可見校稿是費時、費心、費神的辛苦差事。我認同他專業的見解，一篇文章擺上一月半載，自己都有修改空間，我隨興小品，更有諸多需要指正，但我以為，時空下的自我靈感，即使以後不認同，那表示是自己成長後的進步。

校稿是專業，我非專業，若有所失亦當所然，只是能將錯誤減低最少，即完美。我另一位好友錦璋兄，將我。《所見所聞所思所感》一書，重新校稿，指出許多錯處，希望再版改正，我非常感謝他用心良苦，這樣好友難尋。校稿有印出紙本校稿，有電腦文字檔校，台客直接在 Doc 檔修改，再回傳，又快速又簡便。我習慣在紙本修正，方法不一，效果一樣。　　　2018.02.17

24. 再談校稿

　　一篇文章通常從開題、本文、結論三段論述，可長可短。了解現代人，不喜看長文，只能以小品短文討喜，如今許多書報均以電子書取代，像今年台北國際書展參觀人數，也較去年滑落一成，正是數位時代的衝擊，出版業已蕭條，出書不以營利為目的。

　　校稿重點是錯字、錯別字、標點符號及不適用語，寫完一篇小品文，通常我會放到「健群小品」部落格，再以網址傳到幾個群組及一些好友分享。感謝並可喜的是，有些好友會主動指出錯別字，我即刻修正，這是最初的校稿。待出書前將文字檔提供出版社，再度請友人校稿，經過數次校稿才能交付出版。

　　智慧型手機提供適時留下文字之便，即時靈感即刻書寫，回家之後再補述，分段完成再組合，文章很快完成。存入文字檔後，可再修改，放部落格最後再檢視，前後有三次自我修改，仍然有誤，可見校稿之不易。

2018.02.19

25. 師生情誼

此師生情誼廣義說：凡言行舉止及道德文章超越您者，都是您老師，狹義說：凡有形教育的師生關係，如小學、國中、高中、大學的老師都是。

我雖為軍人，但有幸先在母校復興崗服務，後來到台大參與軍訓工作，母校教育離不開隊職及教職，前者以經師人師自勉，後者以經師為主，一般師生關係停留在經師的傳道授業解惑。而在軍校擔任隊職，却要做到經師及人師典範，言行舉止要為學生表率。談到師生情誼要講「法緣」，那是人生過渡短暫的關係，像長官部屬。長官其實是您最好的人師，以前對官大學問大不以為然，後來才明白所謂官大學問大，是指經驗常識多，而非指學術上的學問。對好長官來說，他就是良師，我們忽略了古人所說「經師易求；人師難得。」，我曾經歷身為經師與人師的雙重角色，要做到的確不易。話說回來，人生一輩子老師何其多，如指導您學唱歌、舞蹈、打球、繪畫、烹飪、甚至學開車都是您老師，短暫的師生情緣，可能成為終身難忘的老師，亦師亦友，最珍貴。

老師永遠記得當年教育您的模樣，小學老師是也！老師記得您大學生活，教授也！要珍惜這份情，因為他們改變今天的您，是您一生的恩師貴人，您有幸成為學生永遠懷念的老師，表示您是成功的經師與人師。小學老師看學生很純潔可愛，國中老師看

學生很天真調皮，高中老師看學生有抱負有夢想，大學老師看學生有浪漫有理想。學生對老師以國中、國小情最深，也最尊敬，大學生對老師較疏離，軍校學生對隊職官感情最懷念，如今有學生稱呼我是隊長、連長、營長、訓導主任、教官等，雖是過去隊職官的經歷，拉回時空的記憶時，特別有那份情誼。

2018.02.20

26. 情境有別

　　校稿時，發現昔日許多小品文題目重復，再看內容迥然有別，可見不同時空有不同情境，自己所寫也不同，同理可知，同一作文題，每人所描述內容不會相同。

　　思想有傳播性，亦有排他性，自己思考的議題有獨特的風格，經多年後的閱歷，會有不同的見解，思想的改變無庸置疑。您年輕時的想法，到了中年以後，甚至老年都會有或多或少的改變，何況一篇文章，其見解看法亦有不同。不同時空的情境，思想觀念想法與看法是成熟後的兌變。當年傅斯年先生五四運動是反對孔孟儒家思想前衛者，然38年擔任台大校長是提倡中國文化儒家思想者，他規定學生要必修四書五經，熟背論語孟子。錢思亮先生問他，為何有如此大的改變，他回答說，當年是大學生幼稚的想法，如今中年成熟後的認知，當然不同，此回答很合理。

　　可見思想觀念隨心境隨時空而改變，比如宗教信仰、政黨取向，時空條件下會改變是自然的。有人比喻政治人物，換了職務就換了腦袋，遑論一篇文章之論訴會有不同。您以為呢？

2018.02.24

27. 春節團拜

　　14 期第八屆服務團隊今天舉行春節團拜，在國父紀念館立德廳，到會同學含眷屬多達 150 位之多。月來服務團隊發揮群組號召，從 120 餘位陸續增加到 150 位，這是幹部們發揮群組 Line 文宣及電話力邀的成果，看到遠從台東、花蓮、高雄、台南、、台中、桃園、宜蘭各地同學趕來參加，令我們住台北同學很感動。畢竟是半世紀以上同學有著深厚的情誼。

　　以教授班以系為單位的自助餐桌，拾回昔日同學情，細說別後，回憶過往，大家洋溢歡樂如同回到學生時代。以系以教授班合影是珍貴的畫面將留存。相見歡有細說不完的往事，我打趣說見到老同學能立刻喊出名字，表示沒有記憶退化。午餐後大家齊聚國父紀念館正門台階上合照，兩旁有 14 期旗自幟飄動，這一張大合照將提供復興崗全球會訊封面。

　　大家都已七十以上的年齡，臉上難免留下皺紋，可是只要相聚不問男女都看來年輕。引用莫言二段同學贊：「有同學的地方，無論是鬧市還是鄉村，都是景色最美的地方。大家坐在那裡，說著過往，摟著肩膀，拍著胸膛，如同看到了彼此青春的模樣。因為同學，讓我們找到了歲月的光芒萬丈。」「有同學的地方，無論是大魚大肉還是小菜小湯，都是讓人沉醉的地方。你我端著酒杯，不說話，頭一仰，全喝光，那種感覺只有你我能夠品嚐。因為同學，讓我們忘卻了工作的繁和慌忙。」　　2018.02.26

28. 分享好文

　　因智慧型手機可看 FB 又能看電子郵件，於是較少打開電腦，手機幾乎取代電腦。看到昔日老校長(許老爹)傳來幾篇好文，對已逾百歲的他，終身學習精神令我等晚輩敬佩。最近分別傳來：有思想、有看頭、有深度的好文章、快樂、及林徽因的不慌不忙的堅強、塑泥「清明上河圖」，讀來精彩且獲益良多，以下摘錄分享。

　　1.俄國著名生理學家巴甫洛夫說：「快樂是養生的唯一秘訣。」笑一笑十年少，笑口常開沒煩惱。

　　2.對自己對生活都不要過分嚴肅。試著發現身邊的點滴樂趣，適時地幽默一下，讓生活充滿笑聲。

　　3.地位和榮譽只不過是一個杯子，而您的修養和品性才是你杯中的東西。夜光杯中未必盛的就是葡萄美酒，也可能是一杯濁水。粗瓷盞裡未見得就是白開水，很可能悶的是一盞極品龍井。

　　4.學習還是很有必要的。活到老，學到老。關注與自己職業和愛好相關的新知識。大膽嘗試感興趣的事，如微信、電郵、網購……。不要怕學不會、煩。

　　5.親情的疏離是切膚的傷痛。淡一些、諒一些、忍一些，會使我們的心寬一些、和一些、暖一些。

　　6.靠誰都不如靠自己。有些問題是需要自己去解決的。要相信自己，直面挑戰，視困境為機遇，學會創造性地解決問題。

　　看到好文，我不吝分享，內心是喜悅，同理別人傳來好文，內心是感恩，如果人人都能傳播正能量的善知識，深信社會是和諧，人心是善良的，林徽因不愧是才女，看其文是百讀不厭。

2018.03.03

29. 無車一身輕

　　常言道「無官一身輕」,此語道破,卸下責任與壓力的輕鬆,我引用無「車」一身輕比喻。在台北開車最大的痛苦是塞車、停車的無助,如今大眾捷運快速又方便,何苦自找開車的煩惱,除非到近郊、到遠方有車才方便,除此有車是累贅。

　　車子一年一年老舊,衍生許多問題,如車子輪胎、剎車皮、電瓶、壓縮機及帶動引擎皮帶、冷氣冷煤、水箱等,時時要檢修,這些零件有使用年限,為了行車安全,要定期換新,在台北開車沒有住家停車庫,每天出門擔心回家沒車位可停,台北大小街巷都劃上停車格,以時或次計費,亦是無車位必要開銷,個人開車30 年,日前請車廠報廢,豁然解除以上諸多煩惱,當然凡事必有利弊得失,有車的方便,無車的不便都要承受,有車的多少窒礙,無車感覺是解脫自在,特為文道出絕大部份人的心聲?

2018.03.03

30. 持續的動力

　　登山、健行、打球、舞蹈；書畫、寫作、思考、靜坐。前四者消遣是動態，後四者是靜態。動靜持續就是生命的動力，動力的持續可以活化細胞，持續的思考，亦可延緩腦細胞的退化，這兩者是修心養身必備條件。

　　君不見退休之後，參與活動愈多者，身心愈健康。我參加健康長壽早餐會長達三十二年，當年四十二歲，如今都已七十四歲。歲月留痕在臉龐，但看早餐會會員，個個健康又長壽，如今八、九十歲有二十餘位，我看到他們西裝革履盛裝赴會，看不出年逾九十，可見持恆的動力讓人年輕。如王化榛先生大家尊稱化公，今年九十有三，是江蘇鎮江同鄉會、早餐會及老友會必到前輩，以凍齡來形容不足奇，因歲月並未帶給他老邁，可見多走出去，多參加活動是防止老化的必要條件。

　　追求健康延壽的秘訣是開懷大笑，凡事樂觀看待，不計較、不比較、不執著。說來很簡單，人人如何看待，成為生命的動力。古人的長壽，有三不知，1、不知恩怨 2、不知年齡 3、不知疾病，做到相逢一笑泯恩仇的修養就能長壽。忘仇、忘年、忘病，自然心平氣和、心態健康、有好心情、必然長壽。

2018.03.08

31. 光頭的樹

　　住家對面大廈公寓種了 20 棵的茄苳樹，約二層樓高。日前全部修剪成一層樓高，光禿禿的樹，只剩樹幹，原先綠油油的美不見了，為的是防颱及風水之說。所幸二、三個月光景就能長出新葉。

　　俗稱樹大招風，在夏季防颱是必要措施。另一傳聞，門前植樹，高過二層樓，破壞住家風水。基此，每兩年必將茄苳樹剪成平頭。樹的生命力很強，我在芝山公園看了一些枯樹，看似沒有生機，却看到長出嫩葉，以榕樹、樟樹生命力最強。在雙溪河濱公園河堤上，由台北市政府公園管理處水利組規劃的花樹，被標示樹名、花名，俾便大家認識，許多不知名的花草樹木，數不勝數。

　　枯樹逢春艷，春天將帶來花木生機，枯樹都能展現生命的力量，如家洋台發財樹，每次修剪枝葉，長出新芽新葉更茂盛，許多果樹每年必大修剪，來年結果更多，可見。

2018.03.10

32. 親情至愛

　　雨農國小近在咫尺，晨起看到爺爺奶奶父母送晚輩上學，下午四點又見到許多長輩前來接回，一送一接的親情至愛，愛護有加，看到一幕親情至愛場景。

　　近幾十年來，家庭少子化，小孩子得天獨厚，養尊處優，除父母加上祖父母外祖父母計有六位長輩疼惜。回憶四、五十年代的我們，家家戶戶子女成群，少者三、四位，多者八、九、十，兄弟姐妹多，互相照顧，如今七、八十年代的子女只有一、二位，不能同日而語。少子化之後，將來沒有兄弟姐妹，廷伸沒有伯叔、姑嫂、舅舅、姨媽，家庭倫常將失去許多長輩的疼愛，這些問題已浮現眼前。有直系血緣，沒有旁系血緣，親情只靠父母祖父母，如今家中小孩，人人是長輩的寶貝。

　　每天在家中看到馬路接送小接的場景，有感時代少子化的親情轉化，那是常情，但見護送接送小孩上學，有走路陪伴、有車子接送，想當年的父母子女不能相比，這是幸福否?有待思考，小孩過度呵護依賴，將來必缺乏其獨立思考力。

2018.03.13

33. 群組情誼

　　群組是因緣和合下條件俱足的結合，有同學之誼，同鄉之情，是一群人，共同嗜好的結合，如登山健行、打球球敍、喝酒飲茶、書畫琴藝、旅遊同好、攝影賞鳥等協會。總之，是一群志同道合，興趣相投下的組合，同質性高。

　　摘錄去年 5 月 16 日我寫的一段文「志同道合的友人，有共同的團體組織或地緣關係，大家認同在 Line 群組形成連絡平台，增進彼此互動友誼。透過信息發出，不必電話連繫，這是群組之便利。群組人數至少十人，多則數十人上百人，當然都有因緣關係，如校友會、同學會、教會、登山會、老友會、同鄉會、社團或社大不同團體等等。群組愈多，活動必多，退休者要多參加群組活動，才能增進聯誼，展現人際關係，增進群體社交生活。」群組情誼的長久維繫，除了每天在 Line 上的請安問候，定期或不定期的聚會聯誼、會餐、旅遊是增進情誼最好的方法，最近我一群組有不同的意見，大家筆戰不休，有人主張餐敍要有主題發表意見，有人主張要輕鬆話家常。召集人左右難為，提出：目前有兩派，整合大家意見如下

　　一派，要有主題、像讀書會，才有意義。

　　一派，餐會就是輕鬆閒聊，要搞主題就不參加。

　　……所以，目前尚無交集，大家持續交流溝通，沉澱思考，

放棄執著……半年後……再商議。

　　最近友人傳來一則帖圖摘錄文如下：真正的朋友，一定會越來越少，因為，走著走著，方向不一致了，性格不相容了，地位有懸殊了，所以才有人生得一知己足矣的惑嘆！不是總在一起吃喝玩樂就是好朋友，患難與共才是知己，這跟見面多少無關，跟有錢沒錢無關，可一定跟是否善良，是否真誠，是否厚道有關！不要在乎失去了誰，要珍惜剩下的是誰。此則細讀必珍惜擁有的幸福，您說呢？

2018.03.16

34. 不可言傳

　　禪不立文字、不可言傳，但許多事物是離不開語言文字的描述，許多事亦是默會可傳意，心領神會或揣摩上意，察言觀色，此乃 EQ 的範疇。如子女對父母，部屬對長官，晚輩對長輩，因為相處日久，許多的眼神或肢體語言，就能心領神會，此乃「默會。」

　　知識有兩種，一為隱性；一為顯性，前者是社會化(意會知識)，後者為外化(概念化知識)，一般稱內化(操作化知識)是隱性知識，綜合化(系統知識)為顯性知識，此為隱性知識與顯性知識的轉化關係。

　　一般說潛意識的力量應屬穩性知識，在因緣條件俱足下，可能就被啟發或激發，許多本能的技能顯現，如音樂、美術或數學天才，都是穩性知識激發後，成就了顯性才華。今聽一席演講，提到「默會」一語，引伸所感，心領神會是也。

2018.03.21

35. 送書亦因緣

　　許多書畫友人，送書畫冊，我欣賞書法、山水、花卉、鳥禽之美，但其意境尚不能心領神會。對草書、抽象畫更是矇懂，同理，將書送給愛讀且喜歡的人，那是彼此分享的喜悅。

　　「健群小品」第三集出版了，將分送隣居好友及晨運健走同好，陸續送至親好友、群組、及志同道合的同學，友人問我售價多少？我只送不賣。雖然要花一筆印製費，但換位思考，當它少出國旅遊一次。賣書買書已無市場，重慶南路書局關閉好多家可見。目前市面上買書賣書已沒落，被電子化數位化的電子書所取代，將來報紙都會沒人訂閱。另一無紙化革命，連發票都不必索取，以電子 Line 或電子信箱或簡訊傳送通知，可見無紙化社會普遍被接受。

　　送書給有緣人，翻閱同時是情感的交流，沒有時空的距離，我看友人送給的書有此心境，同理好友睹物思情，書保留那份情，是網路文章沒有的這份交集。也許五年、十年情更深，即使人事已非，伊人已逝，這分情永在。

2018.03.24

36. 網球老友

　　三個月聚餐一次的網球老友，大家已年逾七十，憶民國 75 年開始大夥一起打球，轉眼已有三十幾年的情誼。

　　當年大家都未退休，只能在週末及假日加上國定假日球敍，由總幹事先行通知，大家趕到球場，起碼有三小時以上的運動，前後有二十年的網球聯誼，建立深厚的感情，後來人事已非，部份網友轉戰高爾夫球場，球隊很自然就散了。因不打球大家鮮少見面，約十幾年前有人提議雖不打球但可常聚餐，老友可以見見，從半年一次改成三個月一次，因很珍惜，能常相見。

　　球友情可貴，如今年齡最大的程將軍都八十有六，有感歲月不待，大家很珍惜能跑能玩的日子，從年輕、到中年、到老年一起球賽，每談昔日在那兒打球？有共同的回憶。

2018.03.27

37. 年會有感

　　中國全民民主統一會年度會員大會，如期於 2018 年 3 月 28 日下午圓滿順利召開，月來為大會召開事宜勞心勞力，是身為會長的我最大的心理負擔，亦是責任感的壓力。

　　午后三點大會在天成大飯店天采廳準時開會，新黨郁慕明主席蒞會，即席請他致詞，他語重心長說，我們都是忠貞的國民黨，要愛中華民國，是貴會的宗旨，期待中國全民民主兩岸必會統一，大家是忠貞國民黨員，要團結才能完成統一大業。緊接台北市市議員參選人吳志剛、王正德亦呼籲大家支持。大會行禮如儀，會中榮譽會長王化榛、本會執行長勞政武、顧建東校長、張馥堂主席都語重心長道出本會是政治團體的使命，獲與會會員肯定。

　　會議結束的半小時開始餐會聯誼，張屏副會長邀請到正聲廣播電台「我為你歌唱」的歌星，前來歡唱餘興，大家聆聽四、五十年代的國語老歌悅耳，表示大家都已不年輕，到各桌敬酒時，我問大家歌好聽嗎？都回答好聽，重溫回憶。

　　全統會成立已二十有八年，當年五、六十歲如今都已八、九十歲，歲月不待，許多會員垂垂老矣！今年春節，參加嘉義分會團拜席開四桌正好是去年八桌的一半，袁前主委告知，會員年紀大，不克參加，讓我感觸良多，有那麼一天，老邁走不動，人生一悲也。

　　本會目前有幾位大老，如王化榛榮譽會長、嘉義前主委谷忠黃都是民國 15 年生，另有張屏副會長、顧建東校長兩位民國 18 年，他們年逾九十，接下來許多八十幾歲會員仍康健蒞會，見證了年齡不是問題，身心健康最重要。看到七十來歲的樂可銘主席，因小中風而不良於行，仍蒞會很感動。在全統會看到老、中年齡居多，將來傳承要有年輕人接棒，此乃一穩憂。

2018.03.29

38. 綠意盎然

　　不知哪位文人雅士說了這三句話，春風又到江南岸；春風又臨江南岸；春風又綠江南岸。前兩句「到」「臨」用動詞，後一句的「綠」是用形容詞，讀來形容詞最貼切寫實。

　　春天到了，花草樹木最敏感，但見忠誠路欒樹換上一身的綠，芝山巖上大雀榕枯葉掉滿地，紛紛長出新芽嫩葉。美人樹花已落盡，枯木又逢春，長出滿樹的綠葉。欖仁樹也換上一身綠，冬天枯枝的落雨松，煥然一新，長出綠油油的嫩葉。眼前所見，春到人間，綠意盎然。春天百花齊放，如今櫻花、梅花、桃花、李花落盡，換上滿樹綠葉，準備結果。杜鵑盛開、玫瑰、薔薇爭艷，雨農國小前木棉樹，含苞待放，粉紅花朵碇開，美不勝收。忠誠公園兩棵，有「4月雪」之稱的流蘇，雪白盛開，河濱公園的樹花羊蹄甲又名印度櫻花爭相開花，告訴大家春的氣息已悄悄來臨。柚花香、芒果花及龍眼樹紛紛花開，可惜在北部結果不易，南部天候都能結果累累，可見天時地利氣溫因緣條件很重要。

　　眼見美景觸景不忘描述，雖然一年復一年，美景依舊，心情感觸有別，我非詩人雅士，很難形容春之美，眼下所見，留下回憶之美，不同心境寫出春的讚嘆，您同感否？

2018.04.01

39. 遠近旅遊有別

　　有人說年紀大的人，不宜遠遊或久遊，換言之，體力好可遠遊，體力差只能近遊。行程縮短，出門逾十天半月除非身心健康，否則有病痛服藥的不便苦惱。

　　遠遊久遠要看您體能是否能勝任，不可逞強，如高海拔低天候對七十幾歲者要量力而為。長途跋踄疲憊造成旅遊的勞累得不償失。旅遊業明文規定年逾八十者，要有親人或好友相陪，都是身心健康安全考量。看來旅遊要趁年輕，但年輕人忙事業、忙家庭，哪有閒出遊？年紀長退休有閒有錢，却力不從心。之故；年少適遠遊，行程可久，年老宜近遊，行程要短，其實與時間體力相關。有人開玩笑說，上帝不公平，為何年輕時能玩、能吃、能跑、能跳却沒閒又沒錢，待老了有閒有錢却不能吃喝玩樂，這是人生過程必然的弔詭。上天是公平的，苦盡甘來的人生亦非人人享有。除非累世積德富貴福報隨您。

　　遠遊指長途飛行轉機候機一、二十小時以上，如歐美國家，近遊通常指東南亞或大陸，行程較短。重點是參加旅遊人要對；時要好；地要宜，許多人有錢有閒却體能不能勝任，或家務照顧孫子、花卉、寵物等罣礙，非人人隨心所欲，說來因緣條件要俱足，出遊亦不易。

2018.04.04

40. 父母在不遠遊

　　孔子說：父母在世時，不要遠走，必須遠走時，一定要留下準確的地址。二千五百年前孔子講了這段話，時空背景與今天全然有別，當年只徒步或舟車旅遊，遠遊至少一年半載，而今超音速飛行，日行萬里，時空有別，不能同日而語，之故；遠遊解讀與昔日大有差異。

　　大家庭三代同堂，小家庭很少與父母同住，遊必有方，其意讓父母知道您去那裡？不讓父母掛心此孝順也。時空環境可以改變對錯，人事地物在不同時空必然受其影響，何況幾百千年的話語，雖是真理，如今不確適用。速度可以縮短時間，千金難買寸光陰，但金錢是可以買到未來時間。到美國搭乘飛機比搭遊輪要節省許多時間，只要付出更貴金錢，同理搭乘高鐵到高雄比搭火車要節省許多時間，那是金錢可以換取的，金錢可以買到未來時間是真理。

　　如今科技進步，旅遊時間因速度加快縮短距離，遠遊朝夕可到，資訊視訊方便，如此可解父母憂慮，這是二千多年前不可思議。

2018.04.07

41. 樂活學習

俗說：「活到老學到老」，套用現代術語：「終身學習。」將一改過去從書報獲取知識，如今網際網路帶來的各項知識，包羅萬象，有宏觀的世界觀，它成為現代人終身學習最好的選擇。

每天晨起約花一、二小時在電腦前閱讀資訊，問早道好的祝福感受友情的溫暖，生活常識知識增廣見聞，旅遊觀光介紹提升視野，政治口水論戰客觀看待，不予置評，以免情緒激化。聆聽一席好演講，一首好音樂，身心舒暢，這是我晨起的快樂學習。

終身學習，我們何其有幸享有。只要您願意使用 3C 產品，選擇您所要，愛您所選擇，必樂學其中。透過資訊的學習，如天文、地理、人情風貌，苟日新，日日新，又日新，您將是趕上時代的現代人，如是報紙、書冊都不及 Line、Face-Book、E-mail 便捷。

2018.04.09

42. 美食人生

　　美食人人喜好，非人人可享受，佳餚人人愛好，非人人食得起。關鍵在金錢及健康。聽過一則笑話，媳婦每天為婆婆煮美食佳餚，雞鴨魚肉、山珍海味，婆婆誇他孝順，殊不知身體健康出現警訊，三高的富貴病，心臟病、心肌梗塞、糖尿病等疾病纏身，可見美食佳餚非人人可消受。語云：「病從口入。」確實與吃有關，如三高患者是也！

　　電視上常看到美食節目，烹調師傅人人羨慕，五星級大飯店主廚，身分地位崇高，職業無貴賤，行行出狀元，形容不為過。當今能賺錢的行業最有身價。廚師在電視主持節目，名利雙收，時下從夯的行業之一，不能不拜宣傳之效也。

　　美食通常多油、多糖、多塩，常吃有礙身心健康。因此鼓勵在家吃飯，少油、少糖、少塩可以調製是養生，如能減少應酬，就能避免三高風險。然定期或不定期餐會又頻繁，美食佳餚，無不令人食指大動，很難拒絕，只好自我克制少吃。

2018.04.11

43. 年齡有別

　　人生應擁有四個年齡，其一、出生年齡，其二、表象年齡，其三、生活年齡，其四、智慧年齡。廣義來說：出生年齡就是實際年齡；表象年齡從外表看的年齡；生活年齡看您一生閱歷；智慧年齡看一生修為。

　　昔日以實際年齡、生理年齡、及心理年齡區分，重要是現代人重視養生加上科技先進醫療，讓人無法猜測實際年齡，因生理年齡帶動心理年齡年輕。生理年齡指您的體能體力，如球場生龍活虎，其實心理年齡永保年輕最重要，君不見八、九十歲看起來六、七十歲，有十幾歲的落差。生活年齡指人生一路走來的經驗，隨著年歲增長，而自信對年輕人說：我走過的橋比你走過得路還多；「我吃的鹽，比你吃的米還多！」。這生活年齡經歷，愈老愈珍貴。智慧年齡有別於其他三種年齡，那是深化隱藏的慧根，適度的激發其潛能，可提早開發的智慧，如音樂、藝術、數理天分，或頓悟禪宗等均是。以上是個人淺見的認知，我們不要太強調實際年齡，應重視生理年齡而累積生活年齡，不強求智慧年齡。

　　其實心理年齡永保年輕最重要，老化是必然過程，如何老得慢病得輕是大家所嚮往，談年齡有感！

2018.04.14

44. 人生八苦

　　在雨農國小操場健走，看到立市陽明醫院全貌，想到人的生老病死都在其中，幾家歡樂幾家愁，生的喜悅，却要面臨生命過程的老病死。佛說人生是苦海，誰也不能跳脫此宿命。

　　二千五百多年前，佛陀就說出人生有八苦，生老病死苦，愛別離苦、怨憎會苦、所求不得苦、煩惱熾熱苦，前四苦是生理的苦，後四苦是心理層次的苦，很佩服佛陀的真知灼見。生理過程的苦是生命必經歷，心理的苦可以透過修行內化再轉化，人人的苦是不同，也許甲認為的苦乙不以為然。磨難是修行，吃苦是吃補。心靈的苦人人感受有別，不要以自己的好惡去揣磨別人的喜惡，別人心理如何想不必在意，更不要評論。剛聽到一首好歌：「一晃就老了」特將歌詞錄製分享。

　　不知道何時鬢角已染霜不知道何時顏容已滄桑
　　突然懷念從前那些逞強和懵懂無知的年少輕狂
　　一瞬間發現人生太短一瞬間發現路不再漫長
　　還沒騰出雙手擁抱自己時光竟已走得這麼匆忙
　　怎麼剛剛學會懂事就老了時光竟已走得這麼匆忙
　　怎麼剛剛懂得該往那走怎麼還沒走到就老了
　　怎麼剛懂得時間不經用怎麼轉眼之間就老了
　　怎麼剛剛懂得路該往哪走怎麼剛學會包容就老

怎麼剛剛開始成熟就老了怎麼還沒走到就老了

怎麼剛剛開始成熟就老了怎麼剛剛開始明白就老了

怎麼剛剛懂得時間不經用怎麼轉眼之間就老了

怎麼剛剛學會懂事就老了怎麼轉眼之間就老了

怎麼剛剛學會懂事就老了怎麼剛剛學會包容就老了

怎麼剛剛懂得路該往哪走怎麼還沒走到就老了

怎麼剛剛開始成熟就老了怎麼還沒走到就老了。

　的確人生數十寒暑，三萬多天，一晃就老，曾羨慕時下年輕人，不知我們也曾年少，歲月公平對待每一個人，要好好珍惜當下擁有美好人生，這才是智者。

2018.04.16

45. 台大退聯會慶生相見歡

　　台大退休人員聯誼會，半年一次的慶生會我沒缺席，只因能藉機見到退聯會的許多老朋友。大家相約在台大小巨蛋文康活動中心見，上午九點陸續報到，九點半由前理事長方祖達教授致歡迎詞，接著由何憲武副理事長表達歡迎大家共襄盛會，慶生會在大家合唱生日快樂歌後開始，由司儀宣佈自由點唱。

　　我敬佩幾位高齡的教授，身體硬朗前來參加。老朋友相見有談不完的話題，現任理事長吳元俊參加追思會趕來，又報告幾位會友不幸往生消息，一位高齡 103 歲劉顯如先生、97 歲鍾鼎文教官，近期分別舉行公祭，沙依仁教授高齡 90，亦於今年二月七日不幸往生。特別提到他們幾位，實證台大退聯會人人都是健康長壽。如方祖達教授今年 93 歲，路統信老師 92 歲，宣家驊總教官及另不知名的幾位教授都年逾八十，看來活力充沛，神采奕奕。

　　感謝退聯會兩位組長陳志恆與林意婷，他們熱心為大家點播歌曲，邱淑美老師亦帶領我們這批老學生歡唱，慶生會一直持續到下午兩點才圓滿結束。午餐由活動組長許秀錦介紹送來外燴，提供大家享用熱食，今天與會會員多達六十幾位，文康活動中心座無虛席，是一次成功的歡聚。

2018.04.17

46. 人性自私

　　人很難不自私，從古訓：「人不自私，天誅地滅」及古書上常讀到：「各人自掃門前雪，休管他人瓦上霜」，人性自私可見。目前全世界有七十幾億人口，與您有因緣不到百餘人，除父母兄弟姐妹至親好友，叔伯、舅舅、阿姨是直系、旁系血緣關係，加上師生關係、長官部屬同事、同學，這些人與您有關。

　　資訊便捷，全世界各地發生的意外災難，如飛機失事、海難及戰爭傷亡等事故，一般說來事不關己，缺少那分同情心。若是報導信息若與國人有關，大家會更進一步瞭解，是否有我們認識的親朋好友，此事關己同胞私情之愛。凡事不關己則淡然，如敘利亞內戰致汽油上衝每桶八十美元，如美國及歐盟重新制裁伊朗，敘利亞內戰範圍括大，布崙持油價仍會持續上升，如有車者會關心油價。事關己則重視，反之則輕視甚而無視。

　　有宗教信仰者奉獻是無私的，不論精神或物質，心甘情願付出。佛教講慈悲有三種，一、為有緣(血緣)慈悲，二、為法緣慈悲，三、為無緣大慈。最高境界是其三，一般人是做不到。「無緣大慈、同體大悲」這是昇華的人性，一般人不易做到。

2018.04.20

47. 亦師亦友

　　四十幾年前，在母校復興崗擔任隊職官，以少校中隊長之職帶了 64 年班至 67 年班四個年級的學生。當年三十來歲，如今畢業學生已逾甲子之年。時間荏苒，一晃已四十幾年，如今是亦師亦友。

　　最近將新作「健群小品」第三集陸續寄給他們，三位同學來函訴往日情，特摘錄如下分享：

　　一、敬愛的隊長，平章同學寄來您贈送的大作，200 篇已全數拜讀完畢，至為欽佩您的毅力與文采。40 年前復興崗的點點滴滴湧上心頭，感恩隊長的教誨。生退役後隱居花蓮鄉下過著田莊生活，悠遊自在，地區尚有劉仕昌，劉甦生，侯金泉等同學，歡迎隊長蒞臨，再敘前緣。耑此，敬頌鈞安。生龍春文敬秉

　　二、報告隊長：王飛錚向您報到

　　66 年畢業一別，已過了 41 個年頭，感謝隊長還掛念著我們 23 期的同學們，去年的 8 月，您正忙著準備帶團赴大陸廣西參訪（拜讀您的著作得知），還肯忙中抽空，特地趕來參加我們 23 期 40 週年的同學會，與同學們歡聚敘舊，會後還致贈每位同學您的著作—《健群小品第三集》。我雖因有事滯留國外，無緣親聆您的教誨，但仍感受到您的關懷之情。與同學閒聊時也感受到，他們對您的關懷也都銘記在心，感謝您當年的照拂，成就了這樣完美

的師生緣，才有四十年後的歡愉聚會！

　　我個人因家庭因素考量，在 82 年就離開部隊，目前居住高雄，竭誠歡迎隊長南下旅遊，讓我有盡地主之誼的機會，若是有事南下辦理，也請不吝通知，讓我有服其勞的福緣，感恩謝謝您當年的教導！

　　三、隊長：您好

　　平章兄已將隊長您致贈 23 期政七教授班的大作《健群小品第三集》轉寄給我們了，感謝隊長能給我們機會分享您的智慧結晶，能讓我們從日常生活中活躍人生。王義忠

　　當年任隊職，時時以經師人師自勉，言行舉止都是學生表率，博得他們今天的肯定，隊職生涯從中隊長(連長)、營輔導長、中校營長、到上校訓導主任，前後有十三年朝夕與學生一起生活。形容學校的部隊生活不為過，雖然辛苦，今天卻成為最美好的回憶。

2018.04.20

48. 憶師生情緣

　　四十年前帶過的十中隊 23 期 66 年班學生，當年他們未滿 20 歲，如今已逾甲子之年，我 14 期 57 年班都逾七十餘。在台灣這麼小的地方，失聯四十年您相信嗎？畢業後他們分別到陸、海、空、聯勤、警總、憲兵等單位服務，除非同軍種，要見面亦不易。我一直在復興崗服務，除非他們回母校受訓，之故畢業 40 年許多同學未曾見面。

　　最近送書因緣，學生們分別從花蓮、高雄打來電話，盛情邀約一遊，只要有心，安排見面不難，高鐵當天可來回，讓我心生感動。任隊職以中隊長與學生感情最真實，天天生活、管教、學習、勞動、作息一起，時時以人師經師期許，曾子曰：「十目所視，十手所指，其嚴乎！」隊職官所言所行，學生時時檢視，不敢懈怠，戒慎恐懼，以身示範。對犯錯學生時時機會教育，和顏悅色規勸，他們才能心服口服。

　　隊職從連隊到營級到指揮部，我體會到基層連隊最接近學生，之故，與學生最有感情，他們會懷念這分情。這是我十幾年體會最深，如今學生記得隊長卻不見得記得大隊長、訓導主任。四十年過去了，學生名字依悉，但容貌已變，數年前還應邀參加十中隊 64 年班學生餐會，專科一期家族，如今相見問候於 Line，拉近彼此距離，五年前以營輔導長身分參加第一營第四連學生餐敍，回到年輕時光，師生相見，不覺老矣！　　　2018.04.22

49. 墨　香

　　答應觀賞好友錦璋兄的書法作品展，却巧遇大陸廈門旅遊，趕不上盛大的開幕典禮，一憾！返台距離書法展結束前又行程滿滿，只好抽空今天五一勞動節前往，却苦嚐假日雪邃塞車之苦。

　　宜蘭幾位好友，恆宇、遠蓬兩對賢伉儷，加上錦璋兄作陪下，我們下午前往宜蘭縣政府文化局第一展覽室參觀，一進門要以毛筆簽名可難倒了我，幸作者協助提握書寫交差。一向沒練毛筆字提筆千斤重，那是幾十年的功力才能呈現書法之美。

　　這是宜蘭縣立復興國民中學為慶祝建校五十週年成人書法研習班師生作品展，參展學員近四十餘人，每人只限兩幅字，掛滿展覽會場，個個展現不同字體的書法之美，讓我們讚嘆！錦璋兄持恆學練書法逾五十餘年，精神可佩！大家在其作品前留影，特以小品文紀錄時空人事地物，留下美好回憶。

2018.05.01

50. 廈門武夷山福州參訪五日遊

　　我們有幸參加東興文教基金會陳董事長組團福建參訪。個人五日精華行程分享如述：

　　第一天：一行 21 人由翔順旅行社王董事長擔任領隊，搭乘廈航 MF888，在桃園機場二航廈 11：25 起飛，於 12：50 抵達廈門機場，承蒙陳董五位表弟妹前來接機，並送每人一盒廈門精美小吃，提供大家行程點心，讓我們倍感溫馨。首站是前往同安，「遠華影視城」此城是由廈門大亨賴昌星投資建設。影視城於 1998 年落成，是一座仿北京紫禁城及天安門廣場建造的景觀宮殿，2009 年榮膺國家 4A 級旅遊景區。遊覽此地等同到北京旅遊，參觀古色古香的紫禁城，及天安廣場，大家紛紛留影，拍下基金會大合照。第二站參觀廈門古龍醬文化園，這可是全球最大的傳統醬油釀造廠，我們看到遍地醬缸，有亞洲最大的傳統醬油釀造曬場，總面積近 5 萬平方米，被載入上海大世界金氏世界紀錄，非常壯觀！有十年之久的醬油，售價人民幣一千元，另有多種牛肉、豬肉、魚製真空罐頭，是傳統加上現代化的科技產品，讓我們讚嘆。晚餐安排在狀元樓（閩南風味）高八層，可遠望美麗的

　　廈門夜景，由大表弟天恩做東，表弟妹作陪，互贈禮物，展現兩岸一家親，歡樂談笑暢飲。狀元樓餐廳可遠眺海滄大橋，此橋是從門島通往海滄的一座兼具公路和城市的內海灣大橋，同時

也是亞洲第一，世界第二(僅次於丹麥)的三跨連續全漂浮鋼箱樑懸索橋，代表著 20 世紀中國建橋水平最高成就，使廈門從一座海島型城市發展成一座海灣型城市。從八層樓高餐廳可觀賞夜景，及眺望壯觀的滄海大橋，大家不忘留影。今晚下榻五星級翔鷺國際酒店，結束第一天行

2018.05.02

51. 廈門大學參訪

　　在陳董大表弟天恩安排下，才有此榮幸，以「東興文教基金會」名義，參訪海內外聞名的「廈門大學」我們參訪團於 2018 年 4 月 27 日 9：20 由廈大西校門抵達科藝中心廣場，在台港澳事務科科長韓曉燕接待下，迎接進入頌恩樓 215 會議室交流會場，由國際合作與交流處台港澳事務辦公室張胜强副處長親自主持交流會談。首先張處長致歡迎詞，介紹廈大特色，優質師資，說明中國惠台 31 條政策暨招收台灣學生實際情況，並補充介紹廈門市政府增列 60 條惠台政策內容，親切明瞭。接著陳董事長致詞，說明來訪目的，希望具體了解廈大教學體制，及辦學特色優勢，惠台 31 條政策及招收台方案，以實際推動兩岸教育學術交流。並簡單介紹東興文教基金會宗旨，是以發展社區教育，協助弱勢團體，獎助清寒學子，促進五育並重，對師生正向鼓勵不遺餘力，深獲教育界肯定。接著由招生辦公室陳春萍秘書以多媒體簡報介紹校史及廈大科系，優質師資，校舍重點設施，古色古香校園。接著台港澳事務科韓科長報告目前兩岸學生相互交流現況，及優質的食宿環境。隨後陳董事長贈送紀念匾額「兩岸交流作育英才」。本會顧問吳信義贈送著作"健群小品"顧問蘭觀生（著名編導）贈送個人著作，留存於廈門大學圖書館。我發表簡短感言，能將著作永遠珍藏於廈門大學圖書館，是我今生個人著作殊榮。交流會結束，

每人攜回資料一套，全體於頌恩樓二樓台階前合影留念。

　　廈門大學係由陳嘉庚先生於 1921 年創辦，1937 年改為國立，1952 年成為文理綜合性大學，1963 年確定為國家重點大學，聞名海內外。1995 年成為國家「211 工程」重點建設高校，1996 年教育部首批批準建立研究生院，2000 年成為國家 985 工程重點建設高校，2004 年成為全國 3 所中管高校之一，2005 年正式認定為國家大學科技園，2011 年隆重慶祝建校 90 年，2014 年馬來西亞分校奠基，2016 年廈門大學馬來西亞分校正式開學，2017 年入選「世界一流大學和一流學科」建設高校。以上介紹廈大近百年沿革。目前兩岸校際交流與台灣有 32 所大學。

　　交流座談結束後，在兩位學生帶領下導覽校園，我們在廈大校園內紛紛留影，及校門前合影留下珍貴紀念。結束愉快參訪。同訪者咸認廈大是一座美麗且擁有百年古建築，融和現代化建築的大學，有幸參訪要感謝陳董事長及表弟陳天恩先生費心安排，以及全程熱忱陪同協助與攝影。

2018.05.03

52. 九曲竹筏漂流

　　武夷山風景名勝區位於福建省武夷山市南郊，武夷山脈北段東南麓是著名的旅遊勝地。主要景區 70 平方公里，平均海拔 350 公尺，屬典型的丹霞地貌，億萬年大自然的鬼斧神工，形成了碧水丹峰的美景。1999 年武夷山被聯合國教科文組織批准列入世界遺產名錄，成為世界文化與自然雙遺產。

　　如從廈門搭巴士上武夷山，昔日至少要七、八小時車程，如今搭高鐵，從廈門北站到武夷山東站，車資人民幣 188 元，約三個小時可到，少了昔日車上顛跛之苦，沿途又可欣賞美景，我們 4 月 27 日傍晚抵達，即入住武夷山錦江都城大酒店。

　　28 日上午我們搭乘景區接駁車抵九曲上游，一行 21 人分乘四個竹筏，每一竹筏只限六人，加上前後各一人撐划，從上游漂流而下，全程長 9.5 公里，流經武夷三十六峰、九十九岩、天遊峰景區、茶洞、接筍峰、狐狸洞等景區，自然界山峰美景，讓我們讚嘆不已。沿途船夫導覽景區特色奇景，詼諧的順口溜，能言善道讓人佩服，忙著筆記仍不完整，分享幾則如下：

　　十個男人九個花，一個不花身體差。

　　舟行碧波上，人在畫中遊。

　　不刮風、不下雨、沒太陽、形容好天氣。

　　綠帽不怕帶，鈔票來得快，若要生活好，帶著綠帽跑。

沒有文化天天水上漂，但有水平，吃飽了撐著。舟上文學。

古人長壽三不知：不知恩怨、不知年齡(忘齡)、相逢一笑泯恩愁。

有錢別省、有福別等、有氣別忍、有愛別放。

上山膝管炎、下山關節炎、不上不下腦膜炎。

三位尼姑、二位和尚，白天唸經書、晚上寫情書，半夜三更練功夫。

乳溝淺淺，坑人不淺。

男人好色，英雄本色。

好男不入川，好女不入藏。

北京看牆頭、上海看人頭、福建看石頭。蘇杭看丫頭。

吃在廣州、穿在蘇州、生在杭州、死在柳州。

下午重頭戲，登天遊峰景區，一共有 880 多個台階，登山頂就可欣賞山下一彎碧水，非常壯觀美麗。我登前山走到水月庭，同行者只有八人上山，但只有四人攻頂，我略懼高，最後約一百台階未上，只能說行百里者半九十，膝關節稍差者，只好在水月庭，觀景欣賞山水，留在茶園喝茶喝咖啡聊是非，談笑風生。登上天遊峰令人心曠神怡，感覺不虛此行。

2018.05.04

53. 鯉魚洲國賓館

　　2018 年 4 月 29 日下午，在陳董姪女艷鳴安排下，我們有此機緣來到「鯉魚洲國賓館」參觀和晚餐。「鯉魚洲酒店」乃珍寶級生態花園酒店，位於福州西郊，濱臨閩江，有湖泊與濕地，青青草坪與濃密樹林，堪稱"榕城綠肺"。

　　酒店佔地約 1800 畝，有三個總面積 10 萬平方米的湖泊，和一個形似鯉魚的島嶼。鯉魚洲酒店是接待黨和國家領導人的國賓館，由豪華別墅客房及會議室、宴會廳、休閒中心等配套設施組成，是親近自然，頤養身心的好地方。

　　國賓館建成十幾年，平常不開放民眾自由入館參觀，僅接受訂房與訂席者，有專人引導參觀，當國家高級領導到來則暫停開放。酒店服務品質、環境、客房，包括風水均是一流，且是最高價最好的。國賓館美譽是先後接待過三任國家領導，安保嚴格是可想而知的。

　　我們一行由趙維珍經理，親自全程接待並導覽說明，讓大家盡情享受下午的參觀遊園。首先觀賞內部設施，包括遊泳池、健身房、接待外賓廳堂、國宴廳、國家領導人的豪華套房及會客宴會廳，專屬小型電影院等。侍衛人員留守於整棟樓底層，廳堂均是高挑建築，讓人心胸舒坦。大夥分別在廳堂內一幅名貴巨畫前及國賓館門前合影留念。接著分乘古董禮賓接駁車遊覽園區，觀

賞園內美景，到閩江橋園區，徒步戶外踏青，有兩岸垂柳，青草綠地，濃密樹林小徑。途經保留數百年的二級古農莊，陳設農具傢具，許多人未曾見過。大伙在夕陽西下，漫步於風情萬種園區，遠眺閩江流水，往來船隻，自然美景盡收眼前。紛紛拍照留念。如此悠閒心境誠是難得。

　　晚餐由陳董姪女艷鳴請客，特別安排在賓館西餐廳包廂，享受高級自助餐，豐盛海鮮佳餚，啤酒無限供應。姪子力偉，豪情萬丈，艷鳴媽媽，兒子堯堯，還有全陪，師傅也一起受邀，共襄盛會，相聚聯誼，歡笑暢飲，賓主盡歡。團友感恩在心，咸認不虛此行，留下美好難忘回憶。

2018.05.05

54. 結束福州行

　　結束福州行旅遊第五天，早餐在福州融橋皇冠假日酒店享受五星級自助早餐，中、西式任君選擇，我吃了一小段剛油炸的油條，確實香美可口。這可是二十多年來開戒，因我一向不吃回鍋油炸食品。

　　上午先參觀「林則徐紀念館」，館內正展出林則徐史蹟，透過文字、圖片與雕像，呈現出林則徐的生平與宦海榮辱，林則徐為福州人，1839 年虎門銷煙，查禁鴉片而名垂青史，只是此舉並未帶來仕途上的平順，反而引來英法聯軍侵略，讓他志不得伸，晚年辭官回福州養老。第二站遊福州歷史文化長廊，位於閩江河畔，墨客經常聚此吟詩作畫，獨具魅力。我們自由漫步於江畔，江水渾濁，但許多人下江游泳，閩江旁的文化石裝飾，拱門上"閩都春秋"四個大字，是目前中國國內最長，最完整碑文與裝飾浮雕藝術相結合的作品。第三站來到熊貓公園，位於福州市區西端的大夢山麓，此區飼養瀕臨絕種的大熊貓和浣熊。我們看了多媒體簡介並實際參觀熊貓生活動態，大家留連忘返。

　　午餐在福州榮譽餐廳，陳董侄女艷鳴母子三人，侄子力偉賢伉儷等，趕來一起會餐，並為我們加菜，陳董準備兩瓶威士忌酒，大家盡興暢飲，交談聯誼，歌舞作樂，難得的惜別午宴，離情依依，互道珍重，席宴結束艷鳴致贈每人一把牛角梳，禮輕情義重，

誠然可貴。餐會後搭遊覽車趕往福州機場，艷鳴母子三人亦趕來機場相送，目睹陳董親情依捨送行場景，真情流露，見者無不動容。個人記錄五日參訪旅遊景點，留下日後美好回憶。感謝同遊者提供美照，美惠女士費心整理相簿分享群組，僅代表大家致上萬分感謝。

2018.05.06

55. 六大戰教官聚餐聯誼

今午赴桃園福珍美食館餐廳，參加六大戰教官一年一度的聚會，幾年來召集人海翔兄熱誠邀約，因交通不便未曾參加，今年四月在群組感性邀約，我與永正兄首次蒞會。

六大戰法是政治作戰學校研究班必修課程，即思想戰、謀略戰、組織戰主觀三大戰延伸到客觀的心理戰、情報戰、群眾戰。在研究班分別由六位上校教官講授。憶七、八十年代幾位名人，他們曾是六大戰授課公認權威人士，如思想戰任卓宣教授，組織戰滕傑中將，心理戰李廉教授，師資陣容名氣不在話下。當年學校為彌補政戰幹部軍事戰略戰術的不足，曾聘任軍事幹部擔任六大戰授課，後來發現六大戰法偏重軍事戰術而忽略政戰戰術。而後又回歸政戰幹部授課，這是九十年代教學的實況。1990 年 8 月發生波斯灣戰爭，許上將時任總政戰部主任，強調政治作戰六大戰法在軍事作戰角色扮演的重要，規定凡政戰幹部曾接受三軍大學指參教育或戰院畢業者，要再度回到政戰學校研究班接受四週的六大戰學法與軍事如何結合教育，由六大戰教官講學術理論，由政戰系教官結合研討戰略戰術戰法。當年我任思想戰課程，講授六期教學任務，猶記得許上將每期結業親自主持座談，六大戰教官到場，隨時要解答問題，許上將如此重視六大戰法可見。今天參加昔日曾任六大戰教官一年一度的聯誼，了解後來師資嚴格

規定，要歷練師主任經歷才能擔任，更提高師資理論與實務的結合，歷經六大戰教官之後，許多後期學弟得以晉升將軍。撫今追憶過往，有感寫下這段往事，聽說如今六大戰已合併三大戰，精簡由三位上校授課。

今午聚餐者分別有 14、18、19、20、21、22、23 等先後期學長學弟參加盛會，大家談笑憶往，杯酒交歡，相約每年再聚會一次。

2018.05.07

56. 再植樟樹

　　幾個月前，在王先生協助下植榕樹一株於山坡上，昨梅雨季開始，王先生又取樟樹一株，協助我挖土栽植，我請環保志工拍照留存。

　　這是我人生親植第二樟樹，樟樹生命可長達數十年以上，想到有那麼一天，人已作古，樟樹尚留人間，那是另類的生命延續。種一棵樹看似容易，住台北公寓大廈則難，因沒地方可種，在南部鄉間有庭院就容易，足見有天時還要有地利。

　　王先生十多年來在芝山公園默默美化環境，積德行善，我因天天運動有緣認識，告知我植樹心願，他積極主動協助完成，日前梅雨季，植樹好時機，即找來一株樟樹，要我完成栽種，我不忘留影紀念。想到一棵樹可以存活數十年或百千年，人生壽命與樹木不能相比，植樹之心情興奮又開心。

2018.05.11

57. 捨與不捨

　　相對的概念有錢沒錢，捨與不捨，只從物質層面來探討。人人從小生長環境不同，有人出生在優渥富裕家庭，從小不愁吃穿，有人出生在貧困之家，從小必需節儉刻苦。這些條件下生長的孩子，其人格特質對成年後或多或少會受其影響，雖非決定性，亦是普遍性。君不見從小刻苦環境下成長的人，長大仍節儉成習，而紈袴子弟長大之後仍難改揮霍，雖不是絕對，不中亦不遠矣！

　　苦難中成長的人，亦有捨與不捨之別，捨是有能力、有心；不捨是沒有能力、無心。從小因家境貧困，成年事業有成，捨得用錢，大有人在。但有能力花費却不捨，或有能力又捨得花錢，那是個性使然。花錢捨得才能廣結善緣；反之，從小用錢大方，及長反而節儉有度亦有之。可見捨與不捨除條件能力之外，仍要看個人。有些人捨得為自己買名牌衣物，却不捨慷慨付出為別人。有些人對自己省吃儉用，却捨得為別人無怨無悔付出，慈善家、宗教家即是，您週遭朋友處處可見。

　　我發現時下年輕人，捨得花錢在吃喝玩樂，只因從小生活在優渥環境中。在餐廳中點大餐享美食者以年輕人居多，只因從小未曾吃過苦。，我們四、五十代出生的人，從小吃過苦，知福惜福，俗云：「由儉入奢易，由奢入儉難」，我們擔心將來年輕人有一天如何承受苦難生活？但願那是杞人憂天。　2018.05.13 母親節

58. 六根六塵六識

　　佛家談六根六塵六識(註)，那就是：眼、耳、鼻、舌、身、意。從心理與物理的媒介功能上說，稱為六根，也就是生理學上的神經官能。眼有視神經，耳有聽神經，鼻有嗅神經，舌有味神經，身有感觸神經，意有腦神經，這些都是心與物的媒介的根本，所以稱為六根。加上六塵的物理學及六識的心理學，便是一個人的總和，因為六塵與六識要靠六根的媒介才有作用，六塵與六根要靠六識的判別才有價值，六根與六識要有六塵的反映才有功效。因此六根、六塵、六識可以說是心物合一的共同體。

　　六識中，眼居首，有感每天起床張開眼睛就未曾闔眼，除非閉目養神或睡眠，可見眼睛工作分量重。人的生理器官眼耳鼻舌身意六根六識六塵無不與眼睛有感，眼睛是人的靈魂之窗形容貼切。要讓您眼看不見或耳聽不到選擇其一，相信大多數人會選擇後者，眼睛能看多采繽紛的世界，怎不珍惜？如今因三 C 產品的電視、電腦、智慧型手機，讓人目不暇給，造成現代人視力提前退化老化，如青光眼、白內障、黃斑部病變，它與白內障及青光眼是造成成年人三大失明的原因，是視力沉默的殺手。

　　年紀漸長，生理機能退化，六根六識六塵感受遲緩，老了重聽少煩惱，聽不到恩怨是非，看不到礙眼的事事物物，自然心平

氣和，靜心清心，未嘗不是好事！凡事解脫才能自在，自在自然
解脫，談何容易。您以為呢？

2018.05.16

註：

（一）眼、耳、鼻、舌、身、意 —— 六識。

（二）眼、耳、鼻、舌、身、意 —— 六根。

（三）色、聲、香、味、觸、法 —— 六塵。

59. 莫忘賞景

　　雖然一心難兩用，但勞心勞力的消遣娛樂是可兼得，如看書報聽音樂，爬山賞景，打球莫忘欣賞球場景色，此乃一心兩用。友人參加登山健行，只在意何時可抵目的地，打球只注意球落在何方，錯過路上許多風光，錯過眼腳下美景。我會提醒球友山友，莫忘呼吸野外新鮮空氣，莫忘美麗山色美景，這是爬山健行、打球的另一附加價值。

　　生活週遭處處留心，看到春天百花齊放，蝴蝶成雙成對翩翩起舞，河堤上許多水鳥在溪流中覓食，樹林中追逐戲鬧的松鼠，美的畫面呈現眼前，多少人能靜下心佇足欣賞山水美景。路上車輛熙攘，行人匆匆，搭乘高鐵莫忘窗外美景，其實在您生活週遭處處可見，莫無感錯過？

　　一位長者問我看過莎士比亞文集否？文句詞美不看遺憾，他如此勉勵我要抽空看。天下美好事物何其多，人從出生開始就是一段生命旅程，數十年之後的結果是生命的結束，因此人生的過程是比結果重要。在退休後有限的生命旅程，該如何安排？我有感珍惜每個當下，感恩曾經擁有，莫忘停步賞景，才不虛此生。

2018.05.18

60. 上過戰場否？

當了職業軍人，如果有人問您上戰場打過仗否？您不必汗顏，可以義正辭言說：時空因緣下沒有給我機會。沒打過仗不是我們的錯，那是兩岸六十多年的宿命，維持現狀是兩岸共同的心願，中國人不打中國人是最好的原因與理由。

台海六十年來發生比較有名的戰役

1、民國 38 年古寧頭戰役

2、民國 47 年 823 金門砲戰

3、民國 49 年 619 砲戰

友人正雄兄民國 49 年正在金門服兵役，參加 619 砲戰，年前經國防部核准獲頒榮民證，我們與有榮焉。說來慚愧，中華民國在台澎金馬服役的軍人，晉升將軍，上過戰場幾兮？上校中校亦不例外。我們何其有幸，在台海敵對一甲子來，兩岸和平共處，身為軍人一輩子未打過仗，這過程是當年投考軍校始料未及。

猶記得民國 59 年底到 61 年底整整兩年在金門服役，正逢兩岸單打雙不打的砲擊，雖是文宣砲宣彈，那只是聽到砲聲沒有戰爭氣息的戰場。兩岸一家親的年代，和平共處是大家的共識，往返的觀光旅遊沒有敵對，這亦是未開放大陸探親始料未及。值得一提，昔日一位老長官，不配帶動獎章，原因是未曾打過仗，那是表現身為軍人的骨氣。　　　　　　　2018.05.21

61. 得失之間

　　得與失，捨與得是相對，得到的同時亦失去某些東西，就如吃虧即是佔便宜，可從物質與精神層面去聯想。

　　雨農國小門口附近一家蟹殼黃專賣店，一對中年夫妻一起經營數年。每天上、下午兩個時段，生意興隆，排隊爭購，羨慕許多人。數月前店面重新裝潢，之後更名以日本簡餐料理開業，問新老板才知道那對夫妻因健康因素，無法經營。賺了錢賠上健康，輕者休息療養，重者危害生命，得與失要評估。年輕時身強體健，多少人為賺錢而日以繼夜工作，等到賺了錢，健康亮起紅燈，晚年將賺來的錢養了醫生，得不償失。聖經馬太福音第十六章 26 節：人若賺得全世界，賠上自己的生命，有什麼益處呢？人還能拿什麼換生命呢？說明了今天讓您賺了全世界，明天讓您結束生命，全世界對您有何意義。俗云:人為財死鳥為食亡，至理名言。

　　健康是人生的一切，人到中、老年出現生理老化及身心上的病痛，才體會到失去健康的人生就是灰色。年紀漸長，最大的安慰是能吃喝玩樂，您能嗎？

2018.05.24

62. 鍾情於花木

　　王先生民國 16 年生，身材高䠷微瘦，看不出他已 92 歲高齡，因每天在芝山公園附近栽植花木，勞動健身。

　　他曾先後熱心協助我，完成栽植三株花木，分別是榕樹、樟樹及夜來香，彼此成為好友。與之閒聊，他告訴我 14 歲前在江蘇鹽城老家，他父親種植許多樹木果樹，花木扶疏幾乎看不到家園，從小環境下耳濡目染，對樹木花草獨有所愛。這在台灣城鎮是少見，我形容他從小喜好種植花木是累世的因緣，也許幾世前他就是護樹愛花者。

　　他 50 歲從軍中退伍，在台北市駕駛公車 10 年，七十年代月薪五萬多元，是靠每天比別人多加班六小時。六十歲第二次退休又開了六年計程車，66 歲－79 歲到天母一家辦公大樓當了 13 年的管理員，為家計生活及四位小孩付出大半輩子青春歲月。如此打拚工作，先後買了五棟房子，80 歲後，十幾年來未曾間斷勞動，天天與花草樹木為伍，看他如此樂於栽植花木，勤於勞動是他養身健康最好見證挑。

　　中國古聖先賢留下勤儉治家格言，勤勞者身體力壯，節儉者積德積福，富與貴在王先生身上都得到了。因他默默做到熱心公益，舖橋造路，無怨無悔，整理環境，長命百壽對他是最好的現世福報。

2018.05.26

63. 關心國事

　　分享許老爹的一席話，身為國家領導者必需時時心念三件事。

　　1、有無提昇人民生活水平，增進社會福址。

　　2、有無提昇社會生產力，促進經濟成長。

　　3、有無增強國力，保強人民生命安全。

　　保障人民生命安全，在外交上要避免國際孤立，在人心上意志上不要沉淪，傳統文化教育上不要迷失，經濟發展上要日益成長。先決條件是要追求兩岸早日和平統一，提出兩岸人民最有利的解決方案，做到分治不分裂。國家任何政策不可背離主流民意，民意如流水，民心向背是政府必需重視的。以上是許歷農上將在促進中華民族和平統一政治團體聯合會議中，以榮譽主席發言，一位近百歲高齡的長者，對國家的期望，語重心長，執政者是否有心聆聽？

　　我以輪值主席報告，看這兩年來的執政者，在政治上不講民主而專制獨裁，在經濟上沒有提升人民生活，反而民生凋敝社會窮困，人民生活極端困苦。在兩岸關係沒改善而持續對立，在外交上日益孤立，目前只剩 18 個邦交國，這是人民有感的不滿，却是政府不檢討的無感。兩年來反年金改革，八百壯士天天在立法院前埋鍋造飯的街頭抗爭，勞資對立的抗爭不斷，社會動盪不安，都是危機重重，執政者難道視若無睹？

　　我們何其有幸，生活在安定的台灣逾一甲子，沒有戰爭的威脅，這是我們這一代人的幸福！中國五千年來，生活最進步、最富裕、最繁華的年代我們有幸享有，人人是否要更加珍惜？為了中華民族後代子孫幸福，我們責無旁貸要共同戮力維護，台灣沒有獨立的條件，只有追求兩岸早日和平統一才有希望，這應是兩千三百萬人民，大多數人共同的心聲。

2018.05.27

64. 冷熱調適

　　高溫直逼 37 度 C 的天氣，走進冷氣房，令人有舒暢的感覺，同理；寒冷的冬天，走進暖氣房，令人溫暖到心底，儘管說「心靜自然涼」，人要做到「境由心轉」不易，可不是嗎？我們都活在「心由境轉」的情境裡，天候的冷熱感受最直接。盛暑炎夏，熱氣逼人，所幸在台北，所有公共場所，如政府機構、各大百貨公司、捷運、公車、計程車上冷氣無所不在，要避開不吹冷氣都難，除非走向戶外，這是夏天用電量負荷的必然。

　　人如何調適，讓身心能習慣生活於空調中，如何在進出冷熱瞬間而不感冒，體質適應是現代居住城市人所必要。天氣再熱我們的肌膚除了要接受外在環境的刺激，尚要適應室內冷氣涼意，身心內外溫度的試煉，如何適應室內外溫差因人而異，誠如洗三溫暖的冷熱及蒸氣烤箱，非人人喜愛，我屬熱性體質，平時怕熱較不怕冷。

　　氣象報告多了一項體感溫度，係指人體所感受到的冷暖程度，轉換成同等之溫度，會受到氣溫、風速與相對濕度的綜合影響。明知長久在冷氣空調室，對皮膚新陳代謝有害，卻要貪求舒適享受於當下，在外用餐非有冷氣設備很難吸引客人上門，我們都認同。現代人養尊處優，夏天怕熱要吹冷氣，冬天怕冷要開暖氣，上餐廳吃飯要有空調，缺乏適應外在天候的能力，更有甚者，

軍人訓練要考量人性化，氣溫太高停止訓練，承平盛世當兵是享福，我要懷疑上戰場如何吃苦？也許有人說，船到橋頭自然直，樂觀的思考，您認為如何？

2018.06.01

65. 樂學忘齡

　　七十多歲不算老，却是年輕人眼中的老。記得我二十多歲時，看四十幾歲的人已老，可見心目中的老，是隨年齡有所不同！我常說一句話，逾七十歲後，不問其年歲，要看其健康。有八、九十歲者看來像七、八十歲，有七、八十歲者看來像八、九十歲，中間差距取決於健康及外表。

　　我參加健康長壽早餐會轉眼 32 年，想當年四十出頭，如今七十幾許，自感忘齡，却經不起歲月催人老。當別人問起年齡，才驚覺年齡不重要，健康最重要。今參加早餐會，余會長報告 101 歲的陶士君先生及金帝演員、王水村先生等三人，最近先後往生，令人不勝唏噓！雖然這是人生最終的必然，但在您認識的友人中，難免多了一分惆悵與感傷。

　　說話回來，年輕跟年齡是相對關係，年輕跟健康亦是必然關係，從外表大致不難看出人的年齡，雖不中亦不遠矣！但有了高科技的整型科技，臉孔可以改造，肌膚可以拉皮，植入肉毒桿菌、抗老的膠原蛋白，女性如隆鼻、隆乳留下青春性感美貌，讓外表看來年輕許多。如染髮、戴假髮亦能顯年輕，外表容貌體型瘦身改變，都是年輕的必備條件。再說回來，身體健康最重要，走路健步，身手靈活，體力充沛，看來必年輕，與實際年歲不能有太大落差。

　　目前早餐會中逾八、九十歲者不乏其人，如崔介忱老先生(107歲)王化榛、余帆、張屏、湯尚黃、黃希魯、鄧應璋等人身心都很硬朗，不諱言指名道姓，讓大家都能認識他們，做我們學習好榜樣，他們做到了「樂學忘齡」，所以才能活得久，活得好，我見證他們終身學習的精神，特別一提。

2018.06.03

66. 兩岸和統武統?

　　2018 年 6 月 3 日上午在台北天成大飯店 3F，參加每月一次例行健康長壽早餐會，王化榛先生以中國全民民主統一會榮譽主席身分應邀演講，他針對目前兩岸關係精闢剖析，茲將大要整理如下。

　　民進黨執政兩年來，一直不承認 1992 年兩岸所提「九二共識」，造成大陸近期對台灣海峽軍事上的緊張演習，這是對岸武力上的示威。台灣兩千三百多萬人都關心大陸對台政策，是和統還是武統。台灣會不會被武統？當年鄧小平曾說：統一沒有時間表，大陸領導人習近平最近說，台灣當局不承認 92 共識，是地動山搖的大事。本人這幾年來曾應大陸「中國和平統一促進會」簡稱「和統會」，每年邀請世界各地華人領袖會議，大陸各省黃埔軍校有理事一人參加。他們強烈提出兩岸統一要訂出時間表，我兩次會中提出反對，其一、如要武統，就不符合您們中國和平統一促進會名稱宗旨，其二、違背鄧小平遺志統一沒有時間表，其三、台灣並未構成您們認定對台動武條件。

　　1、宣布台灣獨立。

　　2、外國勢力介入台灣島內事務。

　　3、台灣內部動盪不安。

　　我義正辭嚴發表以上言論後，獲得全場掌聲贊同，我是來自

台灣代表大多數人心聲。

　　我很佩服當年蘇起先生所提九二共識，一中各表，這是非常高明的兩岸求同存異政策，如今大陸不得不接受維持兩岸和平現狀，這是台灣 2 千 3 百多萬人共同的心聲。但自民進黨執政兩年來，一直不承認九二共識，是給大陸以非和平方法解決台灣問題創造條件，大陸無對台動武意願，但大可透過政、經、心、軍來打擊台灣各項建設及民心，致使我們期待兩岸和平統一都沒有藉口。

2018.06.05

67. 了脫生死

　　當一個人了脫生死，就無所求，亦無所畏。因為即將失去生命，失去財富及一切名利，多少人能解脫自在？能自在就能解脫，能解脫就能自在！能做到想通、看透、放下就沒煩惱。

　　老年人要常到五個地方走走：

　　　1、圖書館：多閱讀增廣知識。

　　　2、旅　遊：增廣見聞勝讀書。

　　　3、醫　院：病痛知健康可貴。

　　　4、養老院：老病無奈的依賴。

　　　5、殯儀館：看淡生死的無常。

　　這五項是生的樂學，死的淡然，退休後能不忘精進樂學，病痛後更珍惜有限生命，人生就能圓滿究竟。我們常為心肌梗塞不幸離世的親友惋惜，其實他們是善終，死得快而沒有痛苦的人！幾年來存在電腦上的照片，發現諸多親友已離世，內心有無限的惆悵！想到人生苦短，何苦不樂活當下？而許多人却計較言語爭執的輸贏，功名利祿的得失，您我都很難跳脫。

　　有虔誠宗教信仰者，對生死較能釋懷。逾七十歲者，要體悟走向人生第四個 25 年，在有限的歲月，珍惜健康才能活出生命的光采。雖然近黃昏，夕陽無限好，您說是嗎？

2018.06.06

68. 積習難改

　　陽明醫院急診室靠芝山公園附近，設有一玻璃屋，提供進出醫院的癮君子抽煙場所，每路過聞到飄來菸味，我總是避而遠之。我父親抽菸一輩子，我却未受影響，一生未曾抽過菸，身為軍人不抽煙是異類吧！

　　四、五十年代，抽煙屬上流社會時髦者，如電影名星、政商名人、達官貴人、還有部分風塵應召女郎，有能力消費者。但因時空改變，醫學證明抽菸有害健康，各國政府有關單位明文規定，公共場所全面禁菸，致癮君子抽菸成為公害，如今抽煙者如過街老鼠，人人迴避遠離，這是當年無法想像，此乃價值觀重大改變。

　　聽說抽菸逾三、四十年者，因生理機能已能適應，如戒煙反而有害身心健康，此一說正確否？有待考證，抽菸有礙健康是事實。有感抽菸弊多利少，却看到許多年輕人涉此嗜好，不好的習性經養成，除非醫生警告危害生命健康，許多癮君子很難改變。

　　我看到一些同學抽了一輩子煙，每逢喜宴，中途要離席，為舒解菸癮。別人看是痛苦，但他們認為是快樂！之故，不能以個人好惡評論別人對錯。以上談抽菸有害，但因每人體質不同，有些人一輩子離不開它，當成養生之道，異類吧！

2018.06.09

69. 五月粽香

　　中國人自古以來節日都有美食應景。端節的粽子，仲秋的月餅，是傳統習俗文化。小時候都很期待嚮往，如今經濟繁榮，生活富裕，想吃粽子月餅，非佳節亦可隨時享有口福。

　　母親早逝，長姐如母，從小就照顧我們。當年母親包粽子的手藝都得到真傳，家中弟妹從小吃慣南部粽，連我家兩位小孩都喜愛姑媽及二、三姑姑一起分工合作的愛心粽！從採購食材、糯米洗泡、粽葉、香菇、花生、夾心肉、鹹蛋、糯米、栗子等都要事先準備齊全，製做過程，費時費工。自己食用講究衛生可口，基本上每年都由姐妹們包辦。端節將至，比較有名氣的店家，除了要提早預訂，要排隊搶購，價格不菲，從 60 起跳 80－150 元一個，再貴都搶手。

　　中國節日背後都有歷史故事，讓大家明瞭傳承的綿延流長。春秋戰國時期，楚國詩人屈原遭奸人陷害，眼看楚國即將滅亡，悲憤之下，寫下了洋洋洒洒的《離騷》。後人為了紀念他，把這一天定為端午節。提及端午節是為紀念愛國詩人屈原的自投汨羅江身亡淒涼故事，可歌可泣名流千史，如今學校教育歷史課是否依舊？

2018.06.12

70. 得與失

　　一位老弟告訴我他很笨，喝酒，打牌都不會，我回他：單純最好，您省了許多金錢與時間，話說回來，天下事必有得失，得於有形，失於無形，亦有得於無形，失於有形，所謂失之東隅，收之桑榆。

　　生活中您不難發現，您人緣好、公關好、朋友必多，離不開交際應酬，如婚喪喜宴必到，各種團體活動少不了您，在同學友人中您是受大家歡迎人物，相對您必需付出更多時間與精神，這是得亦是失，得到無形的友誼，失去有形的時間與金錢。我認識一學長，畢業後他將每月薪資全花在交際應酬上，他是同期前幾名升了將軍之一，失去金錢贏得友誼，長官喜愛，部屬尊敬，請問多少人能做到？不打牌、不打球、不抽煙、不喝酒，表面上看，無不良嗜好是標準，但他却少了這些共同嗜好的一群長官或朋友，看是失，亦是得！從這角度思考，得到屬於自己更多的時間，也省了許多交際應酬。

　　天下事沒有絕對的對與錯，只有相對的得與失，也許個性使然，也許價值觀認知不同，不必羡慕別人得到或擁有，只是您不知道他已失去的是：「您享有或擁有的」，如以精神或物質衡量之，無形的福報才可貴。

　　　　　　　　　　　　　　　　　　2018.06.14

71. 療癒花圃

　　芝山岩靠雨聲街北隘門入口處，善心人士新闢約二坪大的花圃。人人經過必佇足觀賞。盛開的日日春、美人蕉、一串紅、單色雪茄、月桃紅、還有成長中的小竹苗。小小花圃種了許多花卉，旁邊種幾株夜來香(香水樹)，晚上七、八點花香撲鼻，讓人慕名聞香而來。

　　開拓此花圃仍是熱心公益，亦是協助我完成植樹心願的王先生。他每天早晚由住家騎自行車來澆水，當成自己勞動運動，我敬佩之餘閒空亦加入提水行列。芳鄰李先生志同道合，愛護花木不落人後，他從雨農國小移植小品種竹子，是愛惜植物生命的慈悲。看到小竹苗即將被當雜草鏟鋤前，主動移植。

　　要寫此篇小文，他建議我以療癒花圃為題。看到住在陽明醫院的病患，晨昏有家人推輪椅到附近走動，來到花圃欣賞美麗花卉，有另類療病之效！人生病時除藥治，心情療治更重要，賞花心情好，病容易好，心藥醫是精神，物藥醫是物質，心物合一之療效很合理。

2018.06.15

72. 健保醫療

　　繳交大廈管理費，看到小我五歲的管理員小廖，正整理一堆藥品。好奇問他吃什麼藥，他說已吃了十多年糖尿病的中西藥，感嘆多少人靠藥物維續健康。他說慢性藥處方，醫生開三個月的藥，每月領藥一次，三個月後回診，他是榮民，門診取藥全免費，多虧輔導會提供榮民保健福利。

　　報載 106 年國人十大死因，36 年來都是 1、癌症 2、心臟疾病 3、肺炎 4、腦血管疾病 5、糖尿病 6、事故傷害 7、慢性下呼吸道疾病 8、高血壓性疾病 9、腎炎腎病症候群與腎病變 10、慢性肝病及肝硬化。您周遭的親友常到醫院門診，幾乎離不開這些疾病，其中前五名是中老年常見疾病。台灣健保制度世界少有，因有良好的健保制度，延續國人健康，大大提升台灣人口老化。

　　老病是生理衰退的必然，除了靠現代醫療進步延續生命，在有病的同時如何調理病情，調適心情，確實是老年人必需克服學習的。七十歲以後的生理，沒有任何慢性疾病，沒有看診煩憂是可喜的，週遭的親友不乏其人是每天與藥石為伍，那是很無奈的苦！我慶幸自己沒有服藥的毒害，因堅持有恆的信念，每天健走，加上保持好心情，生理與心理健康；精神與物質生活兼顧，要知道，無論已婚或未婚，最後終有一天都是孤單一人，所以終老前學會自理生活及獨處很重要，期許人人共勉！

2018.06.18 端午節

73. 敘老友會

　　每月訂定 20 日會餐是老友會彼此認知的習慣，就如健康長壽早餐會，訂定每個月個第一個星期日，三、四十年來已成為大家的約定共識。

　　承蒙王化榛先生(化公)之邀，今午我參加老友會在台北旗艦店昱廚的會餐。席上我泰半認識，大都是全統會老會員，化公將老友會老、中二代邀請加入全統會，如胡○之先生 102 歲，丁○程先生 100 歲，如此高壽由媳婦、外傭陪同參加，我分別向他們致意。另顧○東先生高齡近 90，喝起高粱是每人敬他一杯必乾，酒量奇好，想必是年輕時一路訓練而來！李兄○元，酒量不遜色，兩位陸官校後期老弟丁○揚、劉○麟亦不落人後，酒過三巡，您敬我回。我並沒少喝，我已微醉，我想到日常生活中，交際與應酬是相對關係，有交際就有應酬，有應酬少不了要交際，我友人說：「有些飯局是不想去又不得不去叫應酬。」官場文化的無奈吧！對退休的我們比較有選擇性。

　　請教化公老友會至今成立多久？他告知將近五十年，當年由他兄長王○禹召集成立，以江蘇、鎮江同鄉會及軍警界公務員成員為主，如周○府先生、曹極、劉○和將軍都已羽化，如今成員有 18 人，每月聚餐，建立友誼不易！幾位好友邀我加入，盛情難卻，正猶疑未決，因同質性的群組有每半年、每季、各月的聚餐，難免重疊而分身乏術，我答應有條件的參加。　2018.06.21

74. 校友會略述

　　有幸代表復興崗 14 期 22 位同學之一，上午在台北英雄館參加 107 年校友會員代表大會，與會各期代表四百多人，中午席開 43 桌，熱絡聯誼，盛況空前。

　　大會邀請馬前總統、前校長許歷農上將、胡志强、邵曉玲賢伉儷、救國團主任葛永光先生，後續蔣萬安立委、丁守中台北市長參選人及國民黨吳敦義主席等黨政要員前來。他們分別受邀上台致詞，會中並為許老爹慶賀百歲高壽，大家齊唱生日快樂歌為老校長祝福。大會前，由復興崗校友合唱團獻唱校歌、抗敵歌、旗正飄飄，激起大家一股强烈的愛國情緒。

　　大會主席李念明會長對校友會的期許，正是他三年來所做無私的奉獻，出錢出力，有目共睹，大家無不為他鼓掌喝彩。本次代表大會理監事選舉，以手機輸入條碼及出席者電子投票序號進入網路圈選，完成後即以電腦快速計票，省了選票印製、領取再計票的繁瑣業務，是一項革新創舉，網路生活化的資訊時代，大家都見證快速的成果。

　　復興崗校友會，讓畢業的校友更加團結，除台北總會，全省各縣市亦成立校友會，定期召開大會，今天大會上，見到昔日長官、學長、學弟，在宴席上久別重逢，相互熱情敬酒，這份情感是血濃於水。我有幸在母校服務二十幾年，擔任隊職、教職，與

學生建立深厚的情感，今天有機會見到昔日學弟幾十年未見，彼此依舊相識，大家都認為我沒什麼變，當然是違心之言，聽來讓人欣慰。我深信復興崗畢業的校友，不管認識與否是有份割捨不掉的情感，那是來自於政戰幹部特質性、同質性的革命情感之愛。

2018.06.23

75. 憶成功嶺歲月

　　服兵役能到成功嶺是件光榮的事，在軍中能到成功嶺服務是優秀幹部。過往的經驗告訴我，大專學生要上成功嶺受訓，幹部擇優調成功嶺，我在服役期間沒機會到成功嶺，却在軍職退休之後，却來到成功嶺。為大專院校學生，擔任反共愛國思想教育工作。

　　前後有四年多，每年寒暑假赴成功嶺有四梯次的教學授課，內容以為何而戰、為誰而戰的反共愛國思想教育。那是一分責任，讓剛考入大學的青年學子有堅定的愛國情操。民國 88 年寒訓後，國防部結束了「成功嶺」41 年的大專集訓，從此「大專集訓」名詞成為絕響，當年李登輝是這項決定的終結者，歷史上將留下罪名。

　　三年多的工作是有意義的，每位老師是有使命感，激發青年人反共愛國思想。我與三位復興崗四期大學長編在某一旅，負責四個連的大專生教育，成功嶺特禮遇我們老師，每人房間裝上冷氣，食宿全免。我們四人晨昏常一起健走散步於成功嶺營區，談笑風生中，建立深厚友誼，課餘或奕棋或打藍球或到營區外打打小牌，其樂無比，沒課的日子，由我開車帶他們到草屯訪友做客，都成美好回憶。

　　二年多前得知胡國英學長離世，今天上午參加葉繼業教授追

思會，看到四期同學來了二十幾位。年逾八十五以上，周平老師由夫人陪同，耳力眼力都嚴重退化。想到二十四年前一起在成功嶺的教學日子，感嘆生命的無常，不勝唏噓！人生苦短，歲月不待，把握當下，無限美好未來等著您。

2018.06.24

76. 時間與空間

　　事情的對與錯，事物的價值，都因時異地而改變。視時間與空間決定之，思想如此，萬事萬物皆是。

　　換言之，有些事情因發生的時空背景，當時的處置是對的，經過時空的轉換，如今在認知上是錯的。如民國 36 年的二二八事件，民國 68 年美麗島事件，經過半世紀以上再論對錯，那是時空產生的問題。骨董、字畫及老酒、老茶都是因為時間久遠而產生了價值。如今許多廠商高價收購。當年名人的書畫，經過歷代百年之後價值連城，幾十年的老酒可以比原價十、百倍出售，再再證明時空決定價值。在台灣南北水果就有差異，原產地量多賤價，經中間商轉售剝削到異地，買售必有差價，此合情亦合理。

　　昔日講授思想戰課程，傳授學生善知識，必提到人的思想會隨時空環境改變，如現實政治學所言：「換了位子就換了腦袋」。其實是時不我予，天下事物亦如是。莫與人爭論對錯、是非，因每人立場、角度、角色有別，換位思考，結論就不一樣！不必堅持己見，到頭來您不一定是對的。能事事圓融者必受歡迎，反之事事執著的人是自尋煩惱。

2018.06.27

77. 時空的遐思

2007 年 11 月 29 日於誠品天母忠誠店，以 266 元購于丹莊子心得一書，不是我記性好，而是習慣買書後必註記年月日及購買地點與價錢，翻閱二、三十年前存書，有當年的記憶，一向購物都要標示時地，那是時空的回憶。于丹教授透過通俗易懂語言文字，詮釋孔子論語、莊子思想，在大陸、在台灣成為風雲人物。重讀 11 年前于丹說論語說莊子兩書，讓我手不釋卷，可見他論述的魅力。

一友人整理一生留存的照片畫集，幾百、千張的生活照，最珍貴的是當年與中共國家主席的合照，有江澤民、胡錦鑄及現在習大大。他因長期以來擔任台灣海峽兩岸經濟文化促進會總會長及中國文化經濟發展協會總會長等職，有此機會接觸到對岸領導人，留下珍貴歷史照片！基此我建議他每張照片下註記何年何時何事在何地的留影。他告訴我照片太多，有些時空久遠不記得，誠為美中不足。記錄時空留下的紀念是有回憶的價值，如一個建築、一座橋樑、一條公路、鐵路，何時完成通車是留下歷史見證，可惜許多人缺乏時空觀念，如有人事地物文字留下，更能彰顯其價值。

昔日冲洗照片，必請相館在照片上註明年月日，因時間久遠必遺忘。翻開昔日小學、初、高中的黑白照片，那青春、陽光、

天真的笑容可見！如今再看四十幾歲、五十幾歲、六十幾歲邁進
七十歲的自己，見到歲月留痕，相互比較，是美麗與哀愁的感慨，
人總是在時空下，一年一年老，在資訊網路時代，留存文字影像
記憶，只要有心是件容易的事，時空可以留下有形的照片於永恆。
您說是嗎？

2018.06.29

78. 命運之說

　　中國人自古以來，相信一命、二運、三風水、四、積陰德、五讀書 (註)。然而今天看來，真正決定一個人功成名，最好的捷徑是讀書，古人一直勉讀書人，書中自有黃金屋?書中自有顏如玉?因為讀書獲得功名，十年寒窗苦讀一舉天下人知。

　　當年高中畢業，面臨升學與服兵役問題，考不上大學即服兵役。為圓大學夢，選擇讀軍校，參加軍事聯招來到復興崗，接受極嚴格的入伍訓練、四年暑訓的軍事技能訓練，駕訓、通信及傘訓。畢業後從基層連隊排長、連輔導長歷練，兩年本島、兩年外島金門，後來有幸調回母校任隊職、教職，最後軍職在台灣大學主任教官退休。一路走來，只因讀書改變我一生的命與運，想當年如僅高中畢業，又是另外的人生?我體會；因讀書而改變命運。

　　如今讀書得功名仍是不變的道理，少數富二代是例外，平凡人靠讀書平步青雲，如沒有高學歷沒專長，謀職求職難！現今社會仍存有此潛規則，古人談命與運，有先天基因遺傳的命及後天機運自我創造改變的運，人人福報不同，命運不同，要改變人生的命運，讀書是最好選擇，古今都一樣。

註

一、命

二、運

三、風水

四、積陰德

五、讀書

六、名（聲名）

七、相（外表）

八、敬神

九、交貴人

十、養生

十一、擇業與擇偶

十二、趨吉及避凶

十三、逢苦要無怨

十四、不固執善惡

十五、榮光因緣來

79. 無常人生

　　能了悟，金剛經：「一切有為法，如夢幻泡影，如露亦如電，應作如是觀。」就明白，世間一切事皆是生滅、無常。心念也是生滅、無常，如夢幻泡影，如露亦如電，人、事、物皆在生滅變化當中。

　　樓上一位十六期老弟，月前來了一位同鄉的同學，曾是服務復興崗共事朋友。我們久違了，一起用餐中聊及三十多年前，他在教育處計畫科科長，我在訓導處訓育科科長任內，兩處最忙的兩個科，常一起為工作加班，印象深刻。後來他讀完研究所，轉文職升了教授，一直留在學校任教職 65 歲退休。我民國八十二年離開復興崗後，彼此鮮少見面。想不到六月三十日他參加了同期同學會，七月三日因心臟問題去逝。聞訊傷感不已，生滅、無常就是有為法的人生。

　　善終是指死得快，自己沒痛苦，却留給家人親友不捨的傷痛，如現代文明病心肌梗塞是好的善終。社會新聞天天有肇事死亡車禍意外事件，在在說明有為法的生、老、病、死，生、住、異、滅，成、住、壞、空，本是當然亦是必然，如能淡定、釋懷、豁達視之，無常人生是也。

2018.07.05

80. 年改之後

　　107 年 7 月 1 日正式上路的年金改革，怨聲埋怨四起，怨聲抱怨無用，只有轉換心情，我個人認知：錢多多用，錢少少用。生活無缺就是富。如能知足感恩，活在當下每一天，都會很快樂，其實我們都是沒有明天，只要活過今天，明天就是您的今天。

　　我欣賞大陸享壽 108 歲的文懷沙老先生，他被譽為國學大師是名不虛傳。文懷沙（1910 年 1 月 15 日—2018 年 6 月 23 日），生於北京，祖籍湖南。齋名燕堂，號燕叟。筆名王耳，司空無忌。著名國學大師、紅學家、書畫家、金石家、中醫學家、吟詠大師、新中國楚辭研究第一人。「2015 中華文化人物」。曾任燕堂詩社社長、上海大學文學院名譽院長、西北大學「唐文化國際研究中心」名譽主席、中國詩書畫研究院名譽院長、黽學院名譽院長等。

　　文懷沙 20 世紀 40 年代就在文化界有一定名望。他說：要說世界上真有什麼長壽秘訣的話，我的秘訣是，每天都要吃兩片藥：早晨剛起床，我要吃一片「滿足」；晚上睡覺前，我要吃一片「感恩」。誠然，豐盛的到來，伴隨著「感恩的態度」，對於每個人來說早已擁有並獲得。感恩是起源於內心最深刻的滿足，它不是一種交換，不是說父母親因為養了我，物質條件各方面都幫助我，所以我要感恩他們，這個就是一種功利的思想，這個就是一種交換，就不是真正的感恩。真正的感恩是源於內心深處的那種深刻

的滿足，我們感恩這個世界，你看我們能夠自由地呼吸、能夠得
到飲用水，這些都不需要付出什麼代價等等，我們應該要對這些
充滿了一種無條件的感恩。而且，當你這種感恩修到深處的時候，
它是連接到我們的生命本源、生命源頭的一種方式，它直接地通
過這個讓我們直接連接到我們生命的最根源。

　　以上引用百歲老人文懷沙的長壽秘訣，如今我們軍公教面對
政府違憲蠻橫霸道作為，只能面對它、接受它、處理它、放下它！
學學文懷沙老先生每天知足感恩，充滿了一種無條件的感恩。共
勉之！

2018.07.07

81. 見聞四則

其一：覓食

附近外雙溪橋下，在修剪過的草皮上，但見成群外來種八哥、麻雀及白鷺鷥鳥忙於覓食，昆蟲經不起割草機的除草，無藏身之處，成為鳥禽現成食物，家鴿亦加入覓食行列，雖然它們不食昆蟲，亦有穀米可食，除草之後見到小小生態食物鏈。

其二：廚餘

賣魚的小羅，每天六點到十點在雨農橋端，提供海釣魚，給老顧客服務週到，必將魚鱗、魚鰓、魚腹宰殺清理乾淨，我問他如何處理廚餘，他說有人取回埋在土裡當成有機肥，加些黑糖使其發酵呈酸性，可除其腥臭味，是生活經驗常識。特提供參考。

其三：健身

每天健走於雙溪河濱公園者，有賞鳥協會、有登山健行人，大多是退休者。他們以健康的大前提，從事業餘休閑，團體活動可激發鼓勵您參與的動力。而我天天獨自健走，除了健身，觀察生物百態，可啟發寫作靈感，一樂也！

其四：遠方

　　遠方是指生時到不了的地方，佛教稱極樂世界，西方天主基督指天國，名稱不同，其實往生之後是一樣。人從出生就慢慢走向往生之路，生生死死，死死生生，本是生命因果的輪迴，人知生而不知死，所以人人都害怕死亡，結論是：遠方是人人靈魂遲早的歸宿。

2018.07.08

82. 強風豪雨

雖然瑪莉亞強颱轉成中颱，但已造成交通亂了套。首先航班、海運停止，出國者、返國者行程都延誤，影響多達二萬多名旅客。如果您是在國外，因桃園機場關閉，可能多滯留一、二天，享保險公司提供食宿招待，此事可遇不可求。

風雨之後必帶來或多或少災害。大者；水患、山崩、屋毀、樹倒，小者；行人道路上，枯枝、樹葉吹落滿地。災後的復原，讓環保人員增加工作負擔，眼下可見台北路樹倒，地影響行車，市場果菜供需失調，漲價理所當然。果、菜農與消費兩者都受害，此風雨災害，最嚴重的是未成熟的果子被強風吹落，量少下將來價格上昂，果農菜農必損失慘重。如上所述，可見風雨的天災損失。

颱風來襲前，是否要停班？台北市長柯 P 宣佈提前於下午四點下班，結果是造成交通壅塞癱瘓，比過年更多的人群，同時擁入捷運站，要等三十分鐘後才能上車。於是批評不斷，民怨四起。因颱風上班與否亦考驗政治人物的智慧，正反負面的評價，好壞批判都要承受！所幸此次瑪莉亞颱風來去很快，損傷較少，唯帶來山區豪雨成災。

2018.07.11

83. 見聞有感

　　炎炎烈日下，抬頭看到大花紫薇正盛開火紅花朵，盾柱木開著大黃花朵，美不勝收，令人賞心悅目。那是馬路樹花之美，如不佇足觀賞，路過無視其美，此景在劍潭基河路上，兩旁行道樹可見。生活中許多自然美景在眼下，多少人不留意而錯過，生活中許多學習在眼前，有心把握當下即學習，俗話說；生活中處處是學問，我到市場買菜，常請教賣家，產地何處？因販者是行家，可增廣見聞。

　　台灣四季變化不大，但每季的花卉，蔬果有別，因地屬亞熱帶，盛產水果，有水果王國美名，夏天的西瓜、鳳梨、香蕉，量多價錢便宜，中秋前後的文旦、柚子、葡萄，冬天高山上的水蜜桃、柿子、蘋果及高冷蔬菜，供不應求。人在福中要知福，更要惜福，生活在台灣，交通便捷，如計程車隨叫隨到，便利商店林立，電影院、三溫暖卡拉 OK，提供 24 小時的服務，全世界少有。

　　人往往失去才知福惜福，如健康、財富、名位、權力，人到終老最重要是健康，其餘都不重要。當年亞歷山大帝在短短 13 年建立龐大帝國，可惜 33 歲因病去逝，他死前告訴世人，再好的醫生也治不好人類所有疾病。要珍愛生命，死後再多的財富金錢對您毫無意義，我們遠離個世界時，才明白人生的道理，放棄不是

消極，而是一種智慧，能放棄而慷慨、寬容、豁達的人，生活中的利益得失能平靜的面對，將獲得人生的幸福和快樂，您以為呢？

2018.07.14

84. 心海羅盤

　　昨在電視跑馬燈上，出現心海羅盤(註)，葉教授因大腸癌過世享年66歲，讓成千上萬的忠實聽眾難以置信。約十多年前，好友介紹我看心海羅盤節目，由葉教授主講的思想導引～善知識，一聽成迷。想不到我不但喜歡，而且每週必準時收視，從此愛上此講座。

　　有幾個理由，其一、內容以正向能量思想，勸人為善。其二、以佛法經文詳解，融入生活中。其三、有善念愛心，組成義工隊，深入偏遠貧困地區，雪中送碳，送米送水至花東山區，如小學生營養午餐。其四、每週六、日在全省各地大型會場演講，不分男女老幼場場滿座，且錄影於電視固定時段播放。

　　葉教授本人學歷僅高中畢業，但每場演講自訂講題，排訂半年以上行程，最大特點從不備講稿，且說話速度很快，非一般人能即席演講。我認為他是先天的智慧，加上後天的修行。佩服他對各種經文能講解並熟背，更了不起的是接受聽眾任何提問，可即席解答。

　　或許他有累世佛法善根，二十三幾年的善知識演講，透過電視直播，嘉惠許多人，改變不少人的人生。社會心理的輔導透過傳播，無遠弗屆。他懂命理、易理、八卦，論述國運，評論政治有獨到見解。他避談政治，平時大都以佛家禪宗說理，有深入的

剖析，此善知識是智慧，是知識，是常識的累積。以上是我個人所見。引用邱彰教授一段話語：聽聞葉教授癌逝，她難過之餘推崇葉教授是個奇人，語鋒犀利，出口成章（雖然聽不太懂），但言之成理，「他為人江湖，支持者眾；他煙不離口，非常挑食，長期下來一定吃了不少苦頭。」他的演說有這麼多人生態度、智慧話語，終究留不住時間。」

2018.07.15

　　註：1995 年《心海羅盤》開播，最初從華視現場播出，後來有大地頻道至現今每周末持續在緯來綜合台播映。

85. 無形生命

物質中的鑛物，如鑽石、寶石、瑪瑙、天珠、石頭等，因人給予創造了附加價值，而有了無形生命。一顆石頭因經過雕刻而成了有價藝術品，如朱銘的雕刻作品。物質是沒有生命，但人們賦予附加價值，而有了無形生命。

位於台南楠西的玄空法寺，寺內庭園造景相當漂亮，以「五葉松」、「樹化玉」、「奇石」等景觀聞名。寺廟造景週圍放置許多巨石，每顆石頭刻上經文或禪語，前來朝拜香客佇足觀賞留影，是金剛經、佛經注入石頭的生命！佛堂諸菩薩有玉雕刻、有陶瓷製作，人們膜拜，因佛圖騰超越物質而有了精神生命。

台大課外活動組一友人，數十年來寫了不少現代詩詞短文，最近將撿拾手心大小各種不同紋路的石頭，寫上意會圖案的詩句，讓我欣賞，我說他的創作賦予石頭無形生命。作以上聯想，是感受文學藝術可以賦予物質生命，創造無形生命。

人創造藝術，藝術賦予物質無形生命，因此人創造無形生命。君不見偉人像片，神祇的坐相，歷史名人的雕像，令人望之肅然起敬，此圖騰已化成無形生命在我們生活中。玉不琢，不成器；人不學，不知義。一塊玉石，如果不去雕琢，就不能成為有用的器具；人也是一樣，如果不透過學習，就無法明白做人處事的道理，不知道哪些事合不合乎義理，應不應該做。精神與物質相輔

相成，創造萬事萬物的附加價值，藝術作品如書畫。歷史久遠價值連城，骨董亦是，人已注入它們無形生命。

2018.07.18

86. 老同學情

　　中午參加同學公子喜宴，來了七桌同學，見到高雄、台中、桃園、宜蘭遠到老同學。可見主婚人的人脈，好似一場小型同學會，我擔任接待之一，幸能喊出每一同學名字。

　　喜宴相見歡中，我發現能喝酒者大多數身體好，到每桌敬酒者酒量必好，話一說完，果然印證此事實。中國人常說「能吃是福」是有道理，我要加上一句，能喝酒者是健康。我看到許多同學昔日酒量很好，因健康理由而戒了酒，可見能否喝酒是健康的指標之一。將近五十幾年同學，從二十幾歲到今年七十幾歲，這是軍校同期同學深厚的革命情感。軍人大多數喝白酒，一位同學說，戒了酒健康亮紅燈，他強調烈酒可促進血液循環，當然是少數個案！同學都七十好幾，健康狀況有差別，外表最明顯是白髮或禿頭或太胖。如染髮加上身材不變就顯年輕，外表看來有老態對部分同學是明顯。三百多同學至今離世近六十位，約五分之一比例，聽來是很恐怖吧！

　　大家歡喜相聚，一場喜酒可以花三個多小時，在杯酒交談下，依依不捨，這就是老同學情。

2018.07.21

87. 感覺良好

　　時下年輕人最善於掛在嘴上一句話:「只要我喜歡,有什麼不可以」。完全不在乎別人觀感,此自私心態,是缺乏同理心。

　　引用「感覺良好」對自己身心健康上,最恰當不過,有無三高?有無肥胖?有無生活不正常?有無不良習慣,完全能從身心健康反射出來,自我感覺良好否?何必在乎別人評頭論足,此說合理。除了健檢報告說了算,自我感覺是最好的參考,新的三從四德檢驗身心健康,那三從?從不頭暈、從不酸痛、從不發胖;那四德?能吃、能喝、能拉、能睡,說來簡單易懂,這是最好的檢驗,如您有上述所列,當感覺身心健康有問題。

　　自我感覺良好是心態,最重要是心情,如聽一場音樂會,享受一餐美食,看一幅抽象畫,都是人人感覺不同,自我感覺良好是別人所不能替代的。凡事不受別人閒言閒語影響,不受批評而動怒,才是至高修養,即使別人誤解了您,何須辯解?不爭是慈悲,不辯是智慧,則人際圓融。

2018.07.22

88. 說話藝術

　　聽說昔日在大陸，一位縣長到任前，其父送他八個字：「不說真話，不說假話」。看似矛盾，其實因時間、空間、因對象有別，此謂說話藝術。與此有異曲同工之意是「假話全不說，真話不全說。」以下只探討因對象不同所言。

　　其一、不說真話，是對長者的體諒，如長官做錯事或說錯話，您要私下告知，不可在會中或公開場合指出，此謂不說真話，或父母長輩夫婦平輩，善意的謊言不傷和氣，如隱瞞病情。其二、不說假話，是對朋友、同學、部屬或學生及子女，此是誠信亦是表率，否則您的言行不能服眾，失去為人長者風範。有人問一同事，為何開會從不發言，他說講真話得罪長官，講假話對不起自己良心，乾脆不說話，言之有理。假話全不說，是建立自己誠信，真話不全說，才能博得長者歡心。人都有錯，如無心之過，您何苦揭人短處，長官的私祕要保留。綜上所述，說該說的話，不該說假話，都是保障自己，總之言多必失，更不要去傳話，搬弄是非。

　　人大都喜歡聽假話，所謂真話傷人，人不愛聽，假話騙人，人人却喜愛，說話真太難。猶記得父親曾告訴我，講真話易得罪人，他舉例說，親朋好友得知我有許多學生在部隊擔任要職，經常透過父親向我關心，有些事情是法令不允許，如調單位，您明

知不可為，您即刻回絕，他一定認為您缺乏誠意，如您口頭答應
會設法盡力幫忙，雖然辦不成，他會感激在心，善意的謊言勝於
真言，此其一例。說出去的話，讓人聽了舒服就是會說話，大部
分是美言讚美，說出的話，有批評、有指責、有怒氣或聲音大，
別人聽來就不舒服，道理很簡單，說好話真的很難嗎？共勉之！

2018.07.24

89. 擁抱自然

　　遠眺近看芝山公園，被翠綠的樹木花草所環抱，綠意盎然，讓人養眼又明目。在大台北市有此美景，是世外桃源。我每天晨昏徜徉其中，享受大自然的擁抱，是大環境下賜予我享有，呼吸新鮮空氣，不必遠求到深山。

　　環山步道整建完成近二十年，我因緣聚會亦搬到忠誠路二十年。當時耗資近九千多萬元，整修芝山公園環山步道，目的是害怕遊客破壞大環境。如今部分休憩座椅已壞損，又再度維修，讓遊客行人可以享受。只是滿山林木花草，為了保護國家三級古蹟的容貌，不准濫砍濫伐，讓人感覺有些零亂。

　　每天健走步行其中，我讚嘆自然環境孕育下的美，我非擁有但享有，友人羨慕我享有如此之美的環境，忍不住說寧願到芝山腳下附近租住房子，的確，住家的小環境可以改變，住家的大環境可以選擇，只要您喜歡就可以。

　　我留意芝山岩整個環境，有台北市區難得一見的大樹，如樟樹、大葉榕、小葉榕、無患子、南洋松，都高達數丈，另桂花、七里香、大欉的竹子林，至少百年，水果部分有柚子、柿子、香蕉、木瓜、葡萄柚及酸的櫻桃，全是自然成長，沒人摘食。

　　雙溪河堤步道上有龍眼、芒果、番石榴、咖啡樹，經常行經其間可以辨識，整個芝山岩是台北市民遠近知名遊玩風景區，這

裡的鳥禽以麻雀、綠繡眼、白頭翁、外來種八哥、喜鵲及台灣名
鳥藍雀、夜鷺、白鷺鷥等，松鼠到處可見，整個大環境是受到保
護，花木鳥魚生生不息。

　　有享有的幸福，沒擁有的罣礙，是外在大環境所給予，或許
您居家附近有大公園或好山好水，您可曾天天享有？

2018.07.27

90. 後會有期

在芝山岩山上，遇到六位素昧平生的友人，得知他們都是金門小學老師退休，目前定居在新北市中和，因彼此年齡相近，問起我曾到金門否？打開話題，談來很投機。

他們相約從南勢角來到芝山岩健行，在山上邂逅，雖素昧平生，但聊起往年金門戰地生活，有共同的回憶。他們記憶最深的是當年讀小學時，學校規定，在路上見到軍車要行禮，並問長官好，人人遵守。猶記得民國 59 年底至 61 年底我在金門服役期間，印象深刻是學生敬愛軍人，百姓愛國，可見當年戰地政務，在金門實施很成功。

提及目前金門有六所紀念當年將領命名的小學，是感恩軍人對戰地生活的建設及促進地方經濟的繁榮。當年駐軍有五個師兵力，超過五萬人生活消費在大、小金門，讓百姓生活提升，政、軍、心、經四大國力在金門，帶來各項建設而繁榮。如今六所國小留下當年擔任師長的名字，大家耳熟能詳，日後這些將領都晉升上將，留名千史，介紹如下：

柏村國小 —— 郝柏村，安瀾國小 —— 馬安瀾，多年國小 —— 王多年，卓環國小 —— 韓卓環，述美國小 —— 孟述美，開瑄國小 —— 雷開瑄，居民均引為無上殊榮。這是他們告知的史實，我點

閱谷歌網址如上記載，想未到過金門服務的人，有所不知，特介紹如上，傍晚時分彼此告辭，未留下芳名，如有緣，也許後會有期。

2018.07.30

91. 供過於求

　　經濟學基本理論，貨物供過於求必便宜，反之則價錢必貴。入夏以來，台灣兩種水果因盛產而價廉，其一香蕉，其二鳳梨，消費者是最大受惠，而果農是血本無歸，叫苦連天。

　　台灣四面環海，屬亞熱帶氣候，然遇颱風來襲，水災、風災帶來最大傷害是果農菜農，消費者間接受其影響，靠天吃飯言過其實，但天災每年造成的傷害是事實，如何預防降低損失，成為大家尋求解決的大問題。

　　我喜歡香蕉、鳳梨水果，正當盛產之季節，可以大快朵頤。物美價廉是生產過盛，供需不能平衡，受害者是生產者，受益者是消費者。老天很公平，無常帶來不斷的變化，趁此盛產之季，享受消費。但颱風來襲亦得承受量少價高的蔬果，無常是正常，您說是嗎？供過於求 —— 賣方多於買方，所以市場的價格會下降，供不應求 —— 賣方少，買方多，所以市場價格會上漲。

　　記得去年冬天香蕉因產量少，供不應求，價錢貴到一斤七、八十元，蕉農見有利可圖，大量種植，今年入夏以來，市場供過於求，價格下跌一斤十幾元，是消費者最大的福利，貴時少買，便宜時多買，此市場經濟。

2018.08.01

92. 談忘與記

　　年輕時記性強，且不易忘，年老時記性差，且易忘，可是對過去的事物確記得很清楚，老年人有句台語順口溜很傳神：「卡講－講過去，現講－現未記。」可見忘與記跟年齡有關。

　　話說隣居一位黃姓友人，他畢業中正理工學院機械工程系，上校服滿 25 年退休，陪女兒到美國讀書五年後回國，擔任幾年義工，後來在家當全職家庭煮夫，太太全職帶外孫，因有一次車禍，傷了肩胛骨也傷到脊椎，之後早晚的戶外活動以自行車代步，看他每天騎自行車運動，他告訴我，騎腳踏車最不傷脊椎也不傷膝關節，我好奇問他那個年班畢業？那一年入伍？竟然回說忘記了。他的人生哲學是七十歲以後腦袋放空，忘掉生活瑣事，忘掉過去一切好壞，只記得現在生活要平淡單純，重要事情記在行事曆，不記腦海中，如此才能真正放空。這是很不容易做到的修養？

　　我佩服他的人生觀，每天樂活當下，沒有任何煩憂，因忘却一切生活瑣事，我與之聊談，願寫下此文，不知多少人能做到忘與記的拿捏分寸?最近在網路看到忘與記之描述，很貼切，特摘錄分享如下。

　　"忘與記"

2018.08.03

93. 舞場風采

　　盛暑炎夏好去處，咖啡廳、百貨公司、圖書館、電影院、活動中心及舞場，不花錢或消費一杯咖啡、一場電影票，可享冷氣避暑。其中可活動、享音樂又愉悅的地方莫過於舞場。

　　最廉價的娛樂，舞票一、二百元，不分男女老少，在舞場的氛圍下，載歌載舞，我看到七、八十歲的男女，仍然能自得其樂翩翩起舞。許多教舞者、學舞者、練舞者汗流浹背，樂在學習。教者有鐘點費，學習者有舞步進步誘因，加上舞蹈之音樂弦律很美，多少人陶醉其間，樂活學習不在話下。舞場提供人們身心健康最好的調適與消遣，有動的美感，有靜的欣賞，同樣的舞，每人舞姿不同，那是藝術化的優雅之美。有空的話，不妨到舞場看看，即使不會跳舞，欣賞別人舞動也是另一種美。

　　如果您要區別舞廳與舞場的不同，前者消費高，有舞女按節計費，後者只買門票可帶伴或在自由區邀舞伴，同樣是跳舞，有很大區別，僅提供參考。

2018.08.04

94. 慎傳資訊

　　廣結善緣下，三教九流之友人及群組必多，在傳資訊內容的考量下，要慎重選擇，如有不同宗教，不同政黨或性別上都要有所區分。

　　在 Line 上的友人，交情有深淺，能與您傳送信息是緣份，當珍惜之，但許多因素下突然中斷連線，要以平常心視之，可能友人更新手機資訊消失或故障，緣盡緣滅是自然法則，也許某一天又與您連上線。我佩服一些友人，每天早晚問早道好。即十使您未回覆，他仍不離不棄。也有一些友人，只讀不回，全然無感，亦待以平常心。

　　一分資訊如果傳訊對象不妥，而引起不必要的爭辯或誤會，您的善意、善念變質，是否得不償失？因此任何資訊傳送，必先思考是否恰當，這一彈指可傳播的文宣多麼重要。如誤傳性愛影片而得罪異性友人，在網路上常見，傳者無心，見者遐思，誤會難辯。一份資訊如果是正能量、是善知識、是健康養生，人人必歡迎，反之如果是批判怒罵指責，多少會牽動而影響別人情緒，不得不慎。

　　世上人，形形色色，人人都有個性，傳個信息或別人傳來問早道好，若您已讀不回，對方可能拒絕再互動。有些人每天向您請安問好，即使您未回，他仍然始終如一，未曾間斷。因之，不

要太在乎友人有否點閱或回覆，一切有為法，要以平常心視之，何必計較而在乎？

　　我傳資訊以正向能量的善知識居多，個人小品請雅賞指正，只是留下個人生活回憶及記錄。總之傳達信息要慎選題材內容，要先閱讀，分辨當與不當，尊重別人，就是尊重自己，您以為然否?

2018.08.06

95. 清唱本事

　　憶三十多年前卡拉 OK 開始流行，大家生活多了一個歡唱的消遣。如今卡拉 OK 店到處林立，歷久不衰，可見唱歌可自娛又娛人。社區大學開設歌唱班很熱門，有國、台語、英語、日語班，退休的人隨心所愛，樂齡學唱歌身心最健康。

　　日前聚餐時，酒足飯飽，有人心血來潮高歌一曲，接棒歡唱，沒有卡拉 OK，只有麥克風，清唱是真本事。大家拱著我要唱一曲，拿到麥克風腦袋却一片空白，會唱許多歌，却記不得完整歌詞，平時依賴卡拉 OK 上的銀幕的字句習慣。

　　其實唱歌清唱最自如，不受演奏歌曲中男女高低音影響，難在熟記曲詞，耳熟能詳的老歌只會哼上幾句，平時依賴字幕，到時派不上用場，真正會唱歌，能清唱才是本事。

2018.08.09

96. 潮流難擋

　　資訊網路 E 化難擋，手機從 2G、3G、4G 進步到 5G 的時代 (註)，多少人執著滿足於手機只要能接收能通話的功能下，已無法抵擋潮流，其一、舊式手機已不再生產，無法更換零件，其二、不換智慧型手機已無法通話，多少人堅持使用傳統手機，只好順應潮流。

　　潮流不可逆，成為現代人的共識。日常生活中的衣食住行育樂無一倖免。君不見男女服飾都要跟上時尚，影視名人帶動風潮，男人的西裝、女人的皮包，年輕人追風，時裝業界量產，形成流行。眼下您不買都不行，抵擋不住流行的魅力。最近看到週遭一些好友，屈服流行而更換智慧型手機，從如何成立 Line 網路，大環境下逼迫您從新學習。生活中最常見，您不搭飛機、不搭高鐵、就要花更多時間在交通上。金錢可以買到未來時間，同理，任何家事都可以被機器取代，因 AI 人工智能時代已來臨。

　　生活中是花錢可以解決許多現實問題，取決於選擇，潮流如海潮，勢不可擋，潮流帶動流行，勢可擋不可擋，是否決定權在您。

2018.08.11

註：摘自雅虎

97. 有序有律

　　積五十多年的規律生活，持續至今，我很自豪驕傲地告訴友人，多少人能做到？如此有恆，是被生活作息制約了。

　　民國 53 年 9 月來到復興崗參加 14 期同學 11 週的入伍訓練，正式成為軍校生，四年的大學生活加上軍人養成教育，57 年畢業開始軍旅生涯，前後有 31 年(含四年學生)生活。民國 62 年元旦返回母校服務，朝夕與學生一起生活，養成作息規律。早睡早起，中午有午憩的生活，數十年如一日，在復興崗服務尤是。

　　習慣成自然是句口頭禪，也成了自然定律，那是經年累月養成，我親身體會，每天能早起、午睡、早睡是最大的快樂。反之沒空午睡，無法早睡是違反自身習慣，會感到痛苦。可見生活有序有律，一旦成習慣領域是很難改變。因之，我很怕中午的聚餐，剝奪了午睡。晚上的應酬，延誤我十點前休息。我承認，是好的生活作息，帶來個人生活的不便。

2018.08.14

98. 健康無價

　　一位復興崗同學，人長得帥氣，舞跳得好，歌唱得棒，幽默風趣，能言善道，又是影劇系畢業，多才多藝形容不為過。

　　高䠷眺的身材，走起路來始終抬頭挺胸，看起來比實際年齡年輕十多歲，每次見面談笑風聲。拿手的扶地挺身，一口氣做個百來下，仰臥起坐更輕而易舉，這麼好的身體却住了院。因十幾天前，咳嗽以感冒看診，發高燒不退，正好振興醫院有泌尿科回診，大夫要他掛急診，經診斷是肺炎，即刻要他辦住院治療，打了兩天抗生素發燒未退，大夫告知要再打更強的抗生素，後來退了燒，胸口抽出許多痰。

　　正常的白血球指數是約 4,000–10,000，他住院時竟高達一萬四千。他傳一則女兒通知家人的信給我：「爸爸 8 月 3 日星期五住院，原因是肺炎，有可能是之前感冒還沒好，或是其他不明的原因造成，使用抗生素治療，但還是持續發燒，住院當天照 X 光片右邊一點發炎，今天照 X 光片右邊發炎更嚴重了，目前換別種抗生素治療。護士小姐建議要有人幫忙拍背，2 個小時就要拍一次，拍背的方法是避開脊椎和腰，由下往上拍，手要彎成杯狀，每次拍 10 到 15 分鐘，從早到晚都要，讓爸爸把肺裡面的痰盡快咳出來，不然嚴重的話會要插管進加護病房，所以護士小姐說若我們沒辦法一直陪在身邊建議找會拍背的看護。」

　　又折騰了一晚咳嗽不停整個胸腔都快要爆炸開來難受極了……熬到 5 點累到終於睡著(現晚上只要有 1 小時的睡眠就是人生難得的享受....今晨睡了將近 3 小時感恩喔！越發感覺身體健康比什麼都重要!深深感悟「平安健康快樂過每一天就是人生中最好的福氣」!! 住院一住就 12 天過去了……除了每晚本身痛苦的煎熬外也看盡了人生病痛的各種疾苦……。所以身體健康比什麼都重要!!人生只求 20 個字「平安健康快樂過每一天就是人生中最好的福氣」!!以上轉傳他 Line 的心聲。

2018.08.14

99. 空難遐思

　　有位老先生異想天開，經常搭乘飛機，理由是：希望發生空難意外，可讓子孫領取一筆龐大的理賠金，豈不知發生空難的或然率是微乎其微，百千萬分之一。

　　資訊發達，世界各地發生空難，電視立即報導，全球各地每天幾萬次航次的飛行，空難少之又少，安全無後慮，不可能讓您遇上。發生空難後，多少人的福禍有別，除了保險理賠金幾千萬，許多商賈名流或政要達官，因空難意外，新人遞補，禍福相倚，說來是命與運的轉折，這種機會是可遇不可求。如當年 1998 年，因華航大園空難，前任中央銀行總裁許遠東不幸喪生，彭淮南臨危授命接任中央銀行總裁，往後 20 年總裁生涯揚名國際，是後福。1974 年 12 月 27 日，國防部實施代號「昌平」演習期間，時任陸軍總司令于豪章與其他共 13 位高階將領搭乘 UH-1H 直升機赴桃園縣（今桃園市楊梅區）視察陸軍第六十八師與第十七師進行對抗，發生墜機事件，于豪章身受重傷，終生不良於行，結束其軍旅生涯。當年高華柱是侍從官，雙腿負傷求救，後來平步青雲。當年陸軍總部主任張雯澤中將身亡，政戰人事大異動，在在證明福禍相依。

　　空難能生還者微乎其微，一生中要遇上空難是大禍亦是大福。墜機一瞬間，驚慌之後化成烏有，沒有痛苦，形容死得快的

善終。對家人是哀痛，另類思考對亡者是福氣，前世修來的，對空難的禍福相倚，僅提出個人淺見遐思。

———2018.08.18

100. 健康可貴

　　「健康無價」一文，談及同學住院心聲，獲得到許多回響，可見大家對健康的重視與認同。每到醫院探視友人，看到人滿為患的求診病人，大多數是老年人，年老器官老化，誠如一部老爺車，要定期保養維修，更換零件，通常可以延長使用年限，生命如是，好好保健可以延壽。

　　年老身體機能退化是當然，嚴重者腿不良於行，許多中風者只能靠人推在輪椅上，耳重聽，視茫茫，牙動搖，更可憐者失憶症，失智症，生活全部依賴他人。健康專家三句話：最好的醫生就是自已、最好的醫院就是廚房、最好的藥物就是食物，健康靠自己。任何東西丟了都容易找回來，唯有一樣東西丟了，永遠找不回來，那就是生命。今天，把金錢和健康放在人面前，很多人選擇的是金錢，尤其年輕人，拚命賺錢而賠了健康，老了才知健康可貴，要知道有錢有健康叫資產，有錢沒健康叫遺產。大多數人都在生命結束前一、兩年，花掉大筆金錢甚至一生的積蓄，到最後還沒法買回健康。更悲哀的是死後留下一大筆債務連累家人。

　　生命無常，死亡絕不會和您預約日期。您自己心理很清楚，今天您健康，並不代表明天以後的歲月都能健康。據統計百分之九十五的人是死在醫院病床上，只有百分之五的人是自然無疾而終，所謂福報善終。有句話說的好，年輕賺錢不養生，老後花錢養醫生，值得省思。

2018.08.20

101. 和諧圓融

　　慈悲沒有敵人，智慧不起煩惱，圓融才能和諧。由前兩句話我延伸第三句話，是有感 Line 群組友人的和諧，不因個人執著起煩惱，不因意見溝通起爭執，貴在圓融，所以說凡事能圓融亦是人生的智慧。

　　Line 群組是同質性或同好者共同組成，唯有彼此尊重和諧才能長久，人上百形形色色，有些人因堅持己見，為小小的規定而執著，引起不必要的情緒化，有人因而退出群組，傷了感情，願與例說明。

　　其一、大的群組通常分公告及聊天兩用，有人誤將公告用貼上聊天內容，是偶而無心的大意，就有人提出告誡或責備言詞，讓當事者生氣之餘退出群組，常見之。

　　其二、在群組談論批判政治話題，有人贊同有人反對，政治口水易引起爭論，當您不喜歡的內容，是否閱讀？選擇權在您，大可不必提出指責批判，引起對方不悅，言論自由，口水戰常有之，何苦爭議。

　　其三、有些人太在乎別人的回應，已讀不回就拒絕往來，或回應讓您不滿意，產生了分別心，自尋煩惱，雲淡風輕，不是很瀟脫。有人傳資訊，一天傳數十則，也引起友人的埋怨，大可不必，讀或不讀選擇權在您，應該感謝他的用心善意呢？

其四、問早道好是友人心意，起碼他心中有您，感恩才是，而不是批評，您要回不回亦自己選擇。基本上友人間候我通常早上回覆，晚上因早睡就不回，友人知道就能諒解。

以上所談是個人所見所思有感，絕沒影射某人，有則改之，無則嘉勉。希望好友珍惜群組之誼，不傷和氣，莫與自己生氣，樂活當下，隨遇而安，隨順因緣，做一個快樂的自己。不煩惱唯有不執著、不計較、不比較、想得開，放得下、看得透，共勉之！

2018.08.23

102. 有情罣礙

　　有情眾生，有情罣礙，對所愛的人事物有一份難予割捨的愛，離不開親情、友情、愛情，尤其是親情，那分愛就是放不下，捨不得、離不開，佛陀講人生八大痛苦：愛別離苦、怨憎會苦、求不得苦、五陰熾盛苦，都是情愛得失之苦，凡人很難擺脫這分情苦。

　　以親情為例，父母對子女的關懷掛念都是愛的苦，子女的幸福是父母最大的安慰，子女的苦痛更是父母的傷痛。同理子女對父母的愛除了基本的孝順，病痛時子女隨時的關心與照顧也是愛的罣礙。愛情呢？兩廂情願和睦以待，當彼此不能相親相愛，要能以理性和氣分手，千萬不要彼此傷害才是雙贏。但是很多人不能心平氣和，而傷情。友情是鄰居是同鄉、同學、同事、長官、部屬，短暫的相處，建立友誼可長可久，友情單純許多，合則聚不合則散，朋友可以選擇志同道合，如志不同道不合，就可以不往來。

　　自古情愛都有罣礙，如何善後要靠智慧，該愛則愛，不該愛則分，親情不能割捨，愛情、友情例外。但有些人太執著於所愛，帶來苦痛必是身心折磨，對人事物執著的愛，經長久時間的考驗，有些是可以淡忘放下，端看心態。放下是解脫自在，否則是為情所困苦痛隨身。　　　　　　　　　　　2018.08.26

103. 極端氣候

連日來，嘉南高屏地區豪雨成災，大雷雨造成嚴重水災。農產果農、菜農以及養魚業都是最大的受災者，汽機車泡水的保養維修，造成生活進出不便。水患帶來重大災害，都是極端氣候造成。

台灣南北長不到 400 公里，氣候變化大，不可想像，嘉南高屏豪雨成災，中北部天氣晴朗無雨，氣象局指出，南台灣六個地區 24 小時雨量超過 200 年頻率，顯然台灣已受極端氣候威脅。究其原因是人為，如汽機車，工廠排放污染廢氣，大型工廠加上家家戶戶冷氣排放熱氣，形成大氣候暖化效應，排放溫室氣體持續增加，都在在影響極端氣候變遷，全世界各地造成災難，處處可見。

溫室效應帶來氣候變遷，世界各地都傳出災情，亞洲部分地區出現如印度、日本高溫、乾旱、洪水等災害，氣候變化不正常，如植物提前開花結果。台北一向九月底十月後才開花的欒樹，但見部分已開花，是氣候反常造成。極端氣候變遷影響人們生活甚鉅，人定勝天一語受到很大衝擊，在 21 世紀的今天還要接受極大考驗。

2018.08.29

104. 珍惜相見

　　人在，多聯繫！情在，多珍惜！我要細述珍惜相見。32 年來我每月參加健康長壽早餐會，十多年來每月參加社大心靈哲學班聚餐，四年來每月參加芝山歌友會，很少缺席，只因珍惜相見。

　　人與人之間就是一個緣字，情與情之間就是一個心字，要珍惜相見。見一次多一次是正向思考，見一次就少一次是負面思考，您喜歡何者？不是因見面而珍惜，而是珍惜才見面。我贊成群組中有熱心人士，發起聯誼聚會，就像我高中同學不定期聚會，常憶高中歲月年華，那是年輕的十六歲到十八歲，如今大家都七十好幾，歲月不待。

　　群組有共同的屬性，如相同宗教信仰、不同年代的同學，小學、初、高中、大學，共同的政治理念，有的是青春年少的歲月、有的是退休之後的組合，長相聚聯誼活動的群組，帶來互動的情誼。反之日久情疏，我指的是幾十人的小群組，多達百人以上的群組互動信息維繫聯誼可以長長久久，一個月見一次的機會，如缺席那是兩個月見一次，時間流逝在您眼下，一月過一月，一年過一年，友人幾年不見是常有的事，那代表是普通交情，否則怎不珍惜相見，該感謝資訊網路的便捷，讓好友可常聯繫。

　　今天早餐會，聽到九十歲的周杰之教授講養生，他說不要生氣、不要嘆氣、多做深呼吸；不貪心、不計較、多忍、多讓，快樂常在，特筆記分享之。　　　　　　　　　　2018.09.02

105. 出家修行

　　兒時記憶，出家修行是有其特殊的因緣，要克服家人的認同，更要說服自己完全無礙的親情、愛情、友情，尤其年紀輕輕，要如何想得開、放得下、看得透，何等不易。像星雲大師當年十幾歲就出家。

　　以往我們都以為「出家」多是因為感情出問題、看破紅塵的行為，或是年紀大了，想孤燈常伴。其實這種想法與看法是錯誤的，而這也反映在「出家年齡」上。出家之所以有限齡，最主要的原因是在學習與修行上，因為年紀大的人，世間的習氣比較重、主見比較強，而且不容易改變；但所謂的「修行」，用最簡單的解釋就是「修正行為」，既然要修正自己以符合佛陀制定的標準，在「江山易改，本性難移」的劣根性驅使下，要改，真的很難。

　　如大家有目共睹的佛光山星雲大師、慈濟證嚴法師、已圓寂的中台禪寺惟覺老和尚、法鼓山聖嚴法師等，乃至藏傳佛教的共主達賴喇嘛，哪個不是少小即入佛門？哪位不是熟讀三藏十二部經典？他們汲汲於菩提大道上廣開法筵，為的就是將所學、所修、所證的真理弘傳出去，讓不知者得知、已知者堅固，讓眾生從認知到認同，最後也能走上眾善奉行的修行路。如今據我所知，這幾位大師所培養的佛弟子，個個飽學所長，除了在修行道上與日精進，他們到國內外深造碩、博士所學知識領域，溶入社會教育

進而推動生命教育，服務人群，貢獻社會有目共睹。

　　佛門，是修行的所在、僧才的培養中心，而不是感情的避難所、年長者的養老院。所以在各佛寺裡都有自訂的出家年齡限制，例如土城某禪寺就限制在 40 歲以下，有的更嚴格限制在 30 歲以下才能在那間寺院剃度圓頂。但這些規定也並不是「絕對」的死硬，因為講就「緣起」法的佛門，有時也會根據想出家者的根器與因緣，而有所謂「開緣」的例子。所以，怎能說因為有限齡的規定而沒有大開方便之門呢！

　　「願生生世世童貞出家」，這是很多佛教徒常唸發願文，之所以要強調「童貞出家」，就是希望能於沒有沾染上世間惡習氣之前，以最純真、樸實的面目與心性，在記憶力最佳的狀態下，投入佛門做長期的學習，縱然不能成為佛門龍象，至少也是個心性、修為都屬於清淨的社會清流。

　　總而言之，出家，不是簡單的事情；出家，年輕就是本錢

　　再者，出家並非如外界所想像的：「山上清清好念經」！僧團的生活是學習的、緊湊的、清苦的。僧尼的生活當中，研讀經藏、出坡（勞動）是重要的一環；如果年紀太大，記憶力衰退、身體機能也在退化，這樣的學習效果怎麼會好！

　　況且，出家修行的最終目的是「為利有情願成佛」，如果自己的智慧與悲心不夠，如何難行能行、度化眾生，乃至成佛呢？更重要的是，這些行化眾生的出家師父，都是經過長時間的學習、修行、淬煉、養成出來的。以上部分(摘錄慧開法師文)

　　時空環境改變之下，今日佛門出家修行大都是年輕人，他們有機會進入佛學院，經過佛學大師講經說法而領悟開悟，一生投入佛門修行，打從內心佩服，他們成為佛門知識分子，成為國家

社會安定力量的支柱，在佛光山、在中台禪寺、在農禪寺到處可見和尚、比丘尼。這是我所認知的出家修行(註)。

2018.09.04

註：

"修行千劫，只求一悟"。 『修智慧，不修制約』！

＊叩拜：不是彎下身體，而是放下傲慢。

＊念佛：不是聲音數目，而是清涼心地。

＊合掌：不是併攏雙手，而是恭敬萬有。

＊禪定：不是長坐不起，而是心外無物。

＊歡喜：不是顏面和樂，而是心境舒展。

＊清修：不是摒棄欲望，而是心地無私。

＊布施：不是毫無保留，而是愛心分享。

＊學佛：不是學習知識，而是踐行智慧。

＊成道：不是看見佛祖，而是終於看懂自己。

106. 時空價值

　　家中保存昔日有紀念性的影片，影音片從原本的 CD、VCD、DVD 一直到最新的 Blu-ray 一直在往高畫質高容量發展。音樂自從 MP3 音樂格式的出現，即破壞了 CD 在市場上的重要性，流行之潮流自然淘汰了許多昔日珍藏的，照像底片幾十年後受潮，枉費了多年的保存。

　　如今智慧型手機、數位化相機已顛覆傳統相機，一片記憶卡可以儲存幾千百張的照片，那是十年來不可思議的奇蹟。家中保存許多影音光碟及照片，堆存閒置，棄之可惜，只有相簿可以隨時翻閱懷舊憶往，電子資訊進步帶來的利弊是相對的。物品價值成為骨董那是幾百年之後，人生在世是不可能享受到，除非成為傳家之寶。

　　昔日購買數台相機及錄影機，如今都被手機功能取代，感嘆時空改變價值。佩服星雲大師在佛陀紀念館設置了四十八座地宮，用來收藏各種文物，保存文化科技，預計每百年開啟一座，讓以後的子子孫孫瞭解百年前生活文物，這是何等高瞻遠矚的智慧呀！

2018.09.07

107. 行的安全

在台灣打開電視報紙新聞，看到高速公路每天多少車禍，警覺行車安全的重要。多少意外的發生，奪走多少人的生命，我覺得開車比搭飛機風險要來得大。快速的行車如汽車摩托車，相較於自行車的危險也大，追撞擦撞造成傷害，輕者骨折重者殘疾或死亡，每天重演，雖是意外，但帶來許多傷害。

生活中最大的意外應離不開行的安全，如開車發生車禍，走路不小心跌跤，以及天候豪雨、颱風、地震等天災造成生命危害，防不勝防。尤其行走大都會馬路上，更是要小心翼翼。說真的，車禍發生是分秒之間，讓人措手不及，達賴喇嘛說：「誰知道意外與明天何者先來。」這種憂患意識是提醒大家，生命可貴，要珍惜當下。

近週燕子颱風登陸日本，京都許多知名神社被吹毀，關西國際機場因豪雨淹沒跑道關閉；加上日本北海道發生規模六點七級地震造成 23 人死亡。台灣 823 連續豪雨，中南部淹水嚴重，都是造成行的不便與意外。多少天災加上人為失疏忽，失去寶貴生命，世界各地，天天發生無常意外，不能倖免。

2018.09.09

108. 半世紀情

　　今天參加政戰學校 14 期畢業 50 週年同學會，報到時每人收到一本厚達 540 頁的「同舟共濟半世紀」紀念專輯，這是第八屆服務團隊在會長精心策劃下，共同努力、同心協力下完成的一本專集。內容分青春歲月篇、將星雲集篇、英雄政士篇、政戰楷模篇、傑出校友篇、優良教師篇、社團骨幹篇、社會精英篇、卓越藝文篇、模範家庭篇、快樂園丁篇、特殊成就篇、聯誼活動篇、最後生活集錦篇等 14 個單元。多項報導介紹之後，看到許多同學不為人知的卓越才華。

　　民國 57 年我們由當年政工幹部學校畢業，民國 59 年學校更名為政治作戰學校。民國 95 年改制為國防大學政治作戰學院，是國防大學所轄學院之一。經過五十多年來母校三度易名，如今大家仍以復興崗子弟為榮。在編輯小組辛苦努力蒐集同學以往生活照片中，我們看到當年入伍及在校四年暑假軍事訓練的畫面。也看到畢業 20 年、30 年、40 年同學會的的團體照，那是從年輕少年步入青年、中年、壯年、到老年的歲月留痕。同學都年逾七十，如今已有六十位同學先後離世，無限感慨！今天出席大會有 223 人之多(含眷屬)，這是第八屆服務團隊共同努力的成果。當然在祖懷會長出錢又出力的精神感召，功不可沒。一個會長有熱誠的服務很重要，加上肯出錢辦活動才有今天的成果，我們肯定。

　　人生以 20 年一個階段，我們已邁向第四個 20 年，大家無不珍惜健康，您思量過自己的餘命否？少者五、六年，多者一、二十年，可活百歲，在有生的歲月裡，要如何活出亮麗而無憾的晚年，這才是人生的大智慧，功名富貴生不帶來，死不帶走，想通這一點，去領悟佛家所說。「萬般帶不去，只有業隨身」此語，今生的是非善惡都會留下業障的紀錄，言行不可不慎。

2018.09.12

109. 先行認錯

　　我記得星雲大師說了一個故事，當年我參加佛光山全國教師暑期佛學夏令營上講的，他說夫妻或朋友之間，只要誰先行認錯就不會爭吵，言之有理！爭吵就是指責對方的錯，彼此不認錯，爭執永無休止。如有一方先行認錯，就不可能吵架。

　　最近發生在我身邊的小故事分享之，就以甲、乙、丙、丁加上我五人來敘述：

　　最近甲出了一本新書，親自簽名郵寄贈送，要我轉送一本給丁友人，原想趁歡唱聚會親自轉送，剛巧是日我不能參加，特別請到乙轉送，當時乙提了兩袋同學會資料，我提醒他就放入丙的資料袋，就與資料同時送到。經丁在群組稱看到別人有此新書，才知道乙未轉送到，我即以電話連絡乙，他告知沒印象有這回事。我們都七十幾歲的人，忘記亦很正常，我並不責怪他，開始向丙追尋此書下落，結果丙回電稱未注意袋內有本送丁的簽名書，除抱歉外又打電話向乙致歉，後來乙再打電話向我道歉，彼此在群組提到尋書過程而驚動甲作者，他也向我致歉。造成此困擾，大家一連串的認錯，讓我感慨良多，不愧是五十多年的同學情。想起星雲大師言，認錯就不爭執的故事。

　　人與人相處難在凡事能忍讓，常見夫妻爭贏傷了和氣，朋友

之間爭贏却失去了友誼，贏是得亦是失?在生活週遭常見到，如果爭一時的贏，而失去幾十年的交情，那才是得不償失。

2018.09.13

110. 再談 EQ

駐日外交官輕生：

一、燕子颱風重創日本關西地區，造成交通混亂，上千台灣旅客受困，駐日代表謝長廷、駐大阪辦事處人員被罵翻。駐大阪處長蘇啟誠昨天驚傳在住所上吊自殺，享壽 61 歲；據 NHK 等日媒報導，他留下遺書給家人，內容寫道：他不堪外界嚴苛批評，感到痛苦。(2019.09.15 中國時報新聞)

二、高考那年，我考了 200 分，而媽媽朋友的孩子考了 680 分，那個孩子去了重點大學，而我只能去打工。九年後，那孩子的媽媽向我和媽媽炫耀他兒子又應聘了一個月薪過萬的項目經理…而我，卻在想：該不該聘用他。『獻給所有成績不好的孩子們：你，可以不讀大學！但你，絕對不可以不拼搏！』(小故事)

我引用此二則內容，其一說明知識分子應有 EQ 情商的抗壓力，遇到外界指責就自殺，那是低 EQ。其二智商不好，卻事業有成，可見 EQ 比 IQ 重要。正應驗了美國丹尼爾‧戈爾曼一書「情商：為什麼情商比智商更重要。」智商高，情商也高的人，春風得意；智商不高，情商高的人，貴人相助；智商高，但情商不高的人，懷才不遇；智商不高，情商也不高的人，一事無成，證明做人做事成功最重要。

在多元化社會變遷下，價值觀有很大的改變，成功者必有一

技之長，行行出狀元。君不見影、視歌星成名，體育健將亦能揚名國際，如今烹調廚師人人皆知，情商智商兩者並重，成功者的EQ往往超越 lQ。

2018.09.16

111. 歲月留痕

　　這幾天百看不厭的是我們畢業 50 週年專輯「同舟共濟半世紀。」要感謝熱心的總編輯樹雲兄及建鷗、蜀禧、潤滋四位編輯，他們共同在祖懷會長精心策劃下，完成一本我們共同回憶的畫冊照片。

　　時間拉回民國 53 年 9 月－57 年復興崗四年大學青春歲月，看到年輕少年的自己，再看看畢業 10 年、15 年、20 年、28 年、30 年、40 年、50 年一路走來的歲月，彼此都認得臉龐，最大的變化是體態的改變，四十歲以後由中年到老年最為明顯，許多人頭上出現白髮及禿頭，男女同學泰半發福，亦顯老態，這是歲月最真實的痕跡。如今大家都已邁入人生第四個 20 年。年復一年的改變，歲歲月月不留情的在臉上刻下皺紋，臉頰不再光鮮亮麗。幾十年的變化很明顯，我們都不再年輕。友人問起年齡，我會告訴他，逾七十歲的人，但看他的外表不重要，要看行動敏捷否？精氣神十足否？年齡並不重要，有人八、九十歲看似六、七十歲，反之有人未老先衰，端看其心態及活力，年齡只是個數據，如九十歲者，仍健步如飛，那是年輕 20 歲的人。老年養生保健最重要是能吃喝拉撒的新陳代謝，好的心情必有好的身心，多參加戶外活動，多增長知識，多元學習，生活才是多采，生命才是陽光。身心健康先決條件是無病無痛，能走能動。看到同學已往生六十人，今

後年歲增長，機能老化一年不如一年，當珍惜有限的餘命，樂活當下，享受愉悅晚年。

　　老要老得有尊嚴，首要、老健，能獨立生活，不依賴子女，更不依賴看護，健康為首要；二要、有老本，基本上食住行自理；三要、有老伴老友相互關懷照顧；四要、有正當的娛樂消遣，調濟身心；五要、有宗教信仰，提昇自我身心靈的安頓。以上個人所見，願與老友共勉！

2018.09.17

112. 澎湖自由行

　　此趟澎湖之旅的因緣是，參加台大退休聯誼會的自由行。在俊歌理事長的召集下，我們一行五人於 9 月 18 日上午由松山機場搭乘華信七十餘人座的螺旋槳小飛機前往。

　　憶 14 年前三位結拜好友，由高雄搭乘台澎輪，約三個半小時航程，如今由台北搭乘飛機只要 50 分鐘。時空上不可同日而語，老人優待半價，來回只花 2100 元。在俊歌兄的安排下，讓我們體驗不同的旅遊，每人購買 200 元的趴趴走環島公車，三天期間可享受交通便捷，且公車的視野景觀好，是計程車所不及，真是經濟又實惠！住宿英雄館感受到館長老弟的熱忱，解決住行兩大問題，在食的三餐中，我們除了自行享受此地美食，加上接受俊歌老友的盛情招待，少不了豐盛的海鮮大餐。

　　住是下榻於澎湖國軍英雄館，館長是昔日學生，相隔三十年未見，提及當年依稀記得，這分機緣讓彼此更感親切。館長送我們每人一枚海星標本並一起合影留念。自由行顧名思議是悠閒而隨心之行。在俊歌導覽下，我們走訪此地各名勝景點，倒是每天健走是腳力體力耐力的一大考驗。(待續)

2018.09.22

113. 跨海大橋行

　　您有健走跨海大橋 2.4 公里的體驗嗎?此次澎湖自由行我們做到了。看到外海的水流向澎湖灣，不禁想起那首已故藝人潘安邦唱的名歌「外婆的澎湖灣」：晚風輕拂澎湖灣，白浪逐沙灘，沒有椰林綴斜陽，只是一片海藍藍，坐在門前的矮牆上，一遍遍懷想，也是黃昏的沙灘上，有著腳印兩對半，那是外婆拄著杖將我手輕輕挽，踩著薄暮走向餘暉，暖暖的澎湖灣，一個腳印是笑語一串，消磨許多時光，直到夜色吞沒我倆在回的路上，澎湖灣澎湖灣外婆的澎湖灣，有我許多的童年幻想，陽光沙灘海浪仙人掌，還有一位老船長。我走在橋上，傍晚的海風徐徐吹來，略有秋的涼意。

　　午餐在俊歌好友縣政府李小姐的安排下，於龍星餐廳享受一桌的海鮮美食，得識黃光正兄，她們兩人是澎湖有名的搭檔節目主持人，每年上百場以上的娛興節目，婚宴場合中少不了他倆，隔壁包廂中傳來許久未聽到的划拳聲，那是台灣早期的划拳的文化，曾幾何時已不再聽聞。

　　傍晚大家在通樑古榕站等候一個多小時的車子，體會到搭公車受班次限定的不便。回馬公已晚上七點時分，在馬公來福海鮮餐廳用餐，前馬公市公所祕書陳世進先生與俊歌失聯三十多年，一見如故，帶來東引好酒，大夥興緻話當年，我們帶了幾分醉意回館休息，一天的行程很緊湊又充實。　　　　　2018.09.23

114. 遊馬公市區

　　一早 5 點 40 分大夥集合，由導遊俊歌帶領健走於馬公市附近的名勝，四眼井、天后宮、敬老樹 106 年、馬公陰陽堂、順承門二級古蹟、西瀛勝境及澎湖第一家中央旅社創於 1923 年，晨間觀光，秋意正濃，涼爽宜人。

　　俊歌好友湖西鄉紅羅村村長林忠雄村長上午開車帶領我們到奎壁山摩西分海，如等退潮徒步要近午，只好放棄。慕名而來的年輕人，已齊聚等候，近午村長陪同到附近一家餐廳，讓大家品嚐海鮮美食。近午來到風櫃濤聲海岸，炎陽高照，九月秋老虎暑氣逼人，撐了傘徒步山頭，繞行情人道，眺望海景之美，俊歌介紹眼前離島，不輸專業嚮導，不愧在澎湖服務四年。

　　傍晚林村長開車送我們到黃光正先生家做客，進門客廳已擺上親自烹調的海鮮大餐，黃先生好客，經常在家宴請好友，席間幽默風趣，談笑風生，喝酒豪爽，人緣奇好，李麗美女士隨後趕來作陪，亦做了拿手的南瓜米粉、炒飯，賓主盡歡，因大家趕今晚飛機回台北，未能豪飲暢談，相約明年再見。

2018.09.24

115. 對 57 部落格之我見

　　57 復興崗部落格沿用至今已邁入第十年(第五屆)，同學會從第四屆尊仙兄成立之 57 小坪頂，到第五屆奎章兄建立 57 復興崗 2012，第六屆我接棒 57 復興崗 2014，接下來是第七屆小琪兄 57 復興崗 2016。因小琪身故，勝隆兄囑我又接棒一年，第八屆由蜀禧同學接手，他大部分以 FB 及 Line 來 PO 文，如今第九屆由宗鑑同學承擔 57 復興崗 2018，這是 14 期同學資訊的傳承，亦是大家連絡信息的平台，更是團結向心的精神園地。今第九屆洪會長再聘小弟為顧問，弟不才承擔此責，願提供淺見與同學共勉之!

　　資訊發達日新月異，如今 FB 及 Line 已取代不時尚的部落格，年輕人已不使用 E-mail(伊媚兒)電子信箱，更不會操作使用Blong(部落格)，但我個人自 2010 年在奎章兄熱心指導下，先後成立「健群幽默小品」及「健群歲月行程」兩個部落格，前者 PO 自己小品文，後者轉 PO 網路好文，每天有上百人甚至上千人以上點閱，可見部落格有其存在的價值。

　　如今 FB 加上 Line 傳遞資訊的方便，已取代部落格，但我要介紹部落格的如下好處：

　　　　1.文章易保存易點閱。

　　　　2.有長久存在時效性。

　　　　3.文圖可共同互存。

4.網址貼在 FB 或 Line 隨時點讀。

5.在電腦上及智慧型手機可點閱。

Line 及 FB 因每天貼文圖太多，信息很快被蓋過不易找尋，資訊太公開較不隱私。是否同感？

2018.09.24 中秋節

116. 私心是天性

在芝山公園腳下，前後栽植兩株樟樹、一棵榕樹，每於晨昏健走，必不自主的前往探視，這是私心之愛，週遭花木就缺乏我關愛的眼神，這豈不是人之常情。

植物能感受您的愛，它以生命成長，回應您的關愛，聽說您每天為它澆水呵護的愛語，可以滋潤而讓它感受到，植物，有情是也！動物的貓狗忠心於主人，那是平時養育的感情，因為您是它的衣食主人，覺有情是也。

最複雜的情愛莫非是親情、愛情、友情，除了親情有血緣的關係割捨不掉，男歡女愛和友情之愛，可能都會受到外在時空因素影響而改變；多少海誓山盟，經不起歲月流逝而變質；多少白首偕老，終不能得到祝福！這是人性的喜新厭舊，舊愛抵不了新歡的誘惑。

睹物思情，見人愛戀，人之常情，佛家講無緣大慈，是何等高操的情境，覺有情是凡人。陰晴圓缺 —— 本來如是；悲歡離合 —— 因緣如是；喜怒哀樂 —— 眾生如是；愛恨情仇 —— 有情如是。眾生離開不了用情，私心之愛，對花木如此，對眾生亦復如是。

2018.09.25

117. 旅遊的回憶

　　近十年來，每參加旅遊，必留下一些景點的回憶。很遺憾，以往去過許多國家，只有照片留影，沒有文字的描述，時間久遠後，幾乎忘掉當時旅遊情境。個人 2010 年成立部落格以來，將旅遊文圖得以留存，是很好的生活回憶！八年來先後出版小品文集，隨時翻閱，歷歷在目。照片另製資料夾留存，文圖永留回憶。

　　時光一年一年流逝，只有照片可以留下一起旅遊好友的容顏。說真的，那是珍貴的回憶。如今看到一、二十年前的生活照，感慨無限，因有人已遠離而去，這就是人生的無奈，人生的無常。最近參加復興崗 14 期畢業五十週年慶，每人拿到一本「同舟共濟半世紀」紀念專輯，照片中留下許多歷經半世紀的容顏，不無感傷！歲月無情，但對待每人是最公平，能無病無痛，能走能動，能到處旅遊，無需傷感年華老去，只在乎此時此刻您仍健康平安快樂且幸福。

　　近八年來每參加國內外旅遊，除了留存照片外，必以文字記錄旅遊感想，存在健群小品部落格分享，將來出書是旅遊永久的回憶。

2018.09.28

118. 世代本交替

　　中國人所言傳宗接代，是世代交替，人類生命之延續可以綿延流長。大家認知，一世紀是百年，一甲子是六十年，古云：「十世修得同船渡，百世修得共枕眠」，中國人講一世是 30 年，這是根據孔子所言，三十而立。

　　如今七十幾歲者，父母仍健在，他們必年逾九十甚至上百。拜科技醫療進步之賜，現代人普遍長壽，老年人口急速上升。回過頭來看看我們子女，您愈年長，與子女相處時間必愈長，都是有福之人。屈指一算，人生一輩子與子女相處是短暫的。一般來說，子女大學求學大多數是離家到異地居多，男生畢業後服兵役，到社會做事，成家立業獨立生活，與父母即分離，此其一。子女晚婚或未婚，大多數仍與父母同住，與父母緣分比較長久，此其二。子女遠赴國外求學，畢業後滯留國外謀上差事，每年返國探親，必然聚少離多，此其三。以上舉三例，可見父母與子女相聚時日是不長，除非三代同堂，天天相聚，如今很少有。

　　子女晚婚或不婚通常與父母緣分較長，如子女早婚或遠赴國外，那是必然聚少離多。人生不滿百，父母真正與子女相聚不到 30 年。可喜的是您如長命百歲，子女六、七十歲仍有父母可孝順，如今老年人口日增是可預期的，前提是子女要孝順，結論是您健康且長壽才能幸福。　　　　　　　　2018.09.30

119. 爲健康而走

　　健走是最好的運動。如果每天能持之以恆，帶來身心康健，平安且快樂，無病又無痛，這必然的結果我願意，也是我退休二十多年來的見證。

　　快樂何處覓？每天能走路散步。這麼簡單的要求，試問多少人能做到?看到許多人却天天晨昏樂此不疲，我是其中之一。在芝山環山步道，看到落葉繽紛，那是自然凋謝之美，黃昏漫步到雙溪河濱公園，但見夕陽下，雖已近黃昏，夕陽無限好，此正向思考。溪邊有釣客，白鷺鷥、夜鷺圍繞，只見釣客將魚餵食，群鳥坐享其成，不必自行覓食，却免不了爭食，看來好逸惡勞是天性，佇足觀賞人與鳥禽，是和諧的互動。

　　不談年齡却知道自己邁入七十好幾，一些友人服用慢性病藥，換來健康。醫療科技讓人延壽的必然，只要走路就健康，只要服藥就保命，道理一樣。但後者有後遺症，藥吃了可以治病却是毒藥。聰明的人當然是選擇前者。難的是非一朝一夕可成，那是經年累月，幾十年才有的成效。

2018.10.02

120. 志工貓空遊

　　越嶺休閒農場位於台北市與新北市交界處，由貓空捷運站出口，經樟湖步道步行約 20 分可到，我們今天參加貓空踏青遊，是由台大志工隊長福成兄所發起。

　　由動物園捷運站轉乘貓空纜車，車程約 35 分，今天山霧濛濛，看不到遠山美景，只能看到許多山嵐飄起，那是晴天所未見的美景！抵貓纜站，但見遊客熙攘成群，他們亦冒雨前來賞景。大夥撐傘沿途談笑，近午來到越嶺餐廳，已有許多登山客，這裡有餐廳老板養的土雞、親自栽種的有機蔬菜，雖是家常小菜，大家吃來美味可口又安心。

　　我們志工平日值班有別，彼此除了年度志工大會或研習講座才有機會碰面，雖面熟但名字都不熟，藉半年聚餐或年度郊遊才有更熱絡的互動！要感謝志工隊長熱心的安排邀約，才有今天的歡樂留影，相約年底再聚餐。最後要引用福成說的一句詼諧台語：「抓雞來宰死了鴨」(台語發音)，語意：「凡事都有意外」，很傳神的俚語分享之。

2018.10.05

121. 文物的價值

　　有感幾十年來的衣物，只有退流行，不易破損，這是質料的進步革新，不像兒時的球鞋、衣物質料差不耐穿。檢視衣櫃衣服，越儲存越多，尤其是許多西裝已退流行，這是生意廠商的用心，讓您自然淘汰。雖然有人說，衣櫥內的衣服三年未曾穿它，就可以丟捨，但一向節儉成習的我們，又有多少人捨得將好端端的衣服丟棄，您我都一樣。

　　衣物如此，許多書亦一樣，所幸書籍易保存，我記得民國 57 年底，復興崗畢業前夕，校長羅揚鞭將學校庫存的書籍送我們每人二十幾本。當年當寶存到書架上，五十年過去了，如今成為有價值的史料。傳統文物是有時間的附加價值，尤其成為古書之後，絕版刊物更是。我認識一友人，他從學生時代就有心蒐集各種雜誌期刊(如週刊、半月刊、月刊、雙月刊、季刊、年刊等)。後來以半賣半送方式售予國家圖書館。誰能像他如此有心且用心。時間累積的文物的價值可見一斑。

　　文物是最有時間的附加價值，尤其是歷代名人書法字畫，價值連城，近代如齊白石、徐悲鴻、張大千、李奇茂的畫，于右任的書法，我同期藝術系的邢萬齡、王景浩、張親民及已故林幸雄等名畫家，今天以後都是骨董家收藏的最愛。

2018.10.06

122. 證婚人講話

　　各位貴賓暨男女雙方親朋好友，大家午安大家好！

　　聽聞時下年輕人自辦喜宴，已省略証婚人角色，但四十年代的父母，仍不免俗安排証婚人講話，我有幸被男主婚人指定擔任此重任。特別請到我好友台客名詩人，為這對新人寫上祝賀詩詞，願朗誦分享如下：

(一)：人瑞與可馨的愛情

　　　　人瑞與可馨的愛情
　　　　是台北 101 的高挺
　　　　是可人玫瑰的嬌羞
　　　　令人期待令人憐愛

(二)：人瑞與可馨的愛情

　　　　是玉山頂峯的白雪
　　　　是台灣海峽的海水
　　　　綿密柔情又堅貞聖潔

(三)：人瑞與可馨的愛情

　　　　是君品酒店滿滿宴席上

> 眾多親友掌聲的祝福
>
> 歡聲雷動又持久熱烈

（七言賀詩）

今日歡喜共携手，喜氣洋洋紅毯走;人生短短幾十秋，但願相守到白頭

結婚之後，是兩人共同生活的開始，在眾多親友的見證中，我提出四句話勉勵，今後彼此要做到：1、同甘共苦 2、同心協力 3、榮辱與共 4、共創未來。必能幸福快樂美滿，我們一起祝福他們。

今天擔任證婚人的因緣？因男主婚人是我復興崗同學，女主婚人是我小學同學。

2018.10.07

123. 分享善知識

　　何謂善知識?善知識是指一個正直有德，能教導正道的人。他能夠開導別人，可以開示別人，可以帶動他人的成就。

　　晨起有兩三小時的學習在電腦前及 Line 的網路連結中，是我一天中最快樂的時光。當我讀到一篇有啟發性的文章，會摘錄整理 PO 在「健群歲月行腳」部落格分享。快樂學習，眾樂分享，八年來，在部落格轉載網路好文，能獲得 170 萬餘人次的點閱，證明好的文章是受到肯定及喜愛。

　　終身學習不限於有形的學校教育，網路資訊帶來更多，且浩瀚的資訊，那是集眾人的智慧。我們有幸受教於眾多人師、經師。知識學習領域何其大，在廣袤的宇宙中，尋求您需要的區塊，不是人人相同，但每人可以選擇，樂在學習更樂於分享，之故，我今後只欣賞他人傳來問早道好貼圖，願以一篇好文回應，取代貼圖問候。

　　今天看到佛曰：「智者爭天下，愚者爭對錯」。茅塞頓開，我非智者，但可以不是愚者，何苦與人爭對錯，而影響到情緒！很多時候我們會為了別人的誤解，或者扭轉別人的錯誤觀念，和別人爭得面紅耳赤，其實反而浪費了自己的精力，也讓對方對自己不悅。很多時候的爭論，多半是在抬損，是情緒的對抗，而非思想間的碰撞。既無意義，又浪費唇舌，最終演繹成氣急敗壞的罵

街，哪有誰贏誰輸。何必爭呢？贏了又如何，你就是你，只要你
肯定自己，爭與不爭，又與我何干。我願以此自勉！天下事本無
對錯，只有選在對的時間地點去做。反之，在不適當的時、地說
不該說的話，做不該做的事，那就是錯。

　　慈悲沒有敵人，智慧不起煩惱，多麼崇高的修養，人人應自
勉。慢慢去體會，能悟出不要與人爭對錯，因爭贏了，傷了彼此
感情，仔細思量不無道理。

2018.10.10

124. 無心的八卦

　　網路曾傳一則孔子與學生周遊列國的故事，有一次面臨斷炊，老師請子路設法解決民生問題，子路到莊家找到一些米，借了一只鍋，就在野外熬煮米粥。當他掀起鍋蓋攪拌時，突然一陣風吹來，鍋上一層沙土，只好將上面塵土撈起，自己飢腸咕嚕，想到物力維艱，不忍丟棄，自行食用。此時在遠處樹下乘涼的老師看在眼裡，待子路煮好粥端來，孔子面有難色。子路問明原由，老師說剛才已看您先食，未尊師。子路向老師請罪，將上層有沙石的粥不捨丟棄，先行食用，老師您誤會了！孔子不愧是聖人，當時說了一句話，原來「眼見不是事實。」

　　最近受到流言的傷害，只因無心的八卦，閒談之中，無心之言，讓人誤解。在三次聚餐中，曾分別邀請三位不同女士友人與會，一對夫妻竟說每次帶不同女士參加，是否很花心(風流)。任何聚會有太太參與，就會聯想男女之間有什麼關係，只能說少見多怪。無心的一句話，別人聽後各有解讀，那是一句玩笑的話，却傷害了別人。說者是無心，旁聽者却會錯意，可見八卦閒語傷人。奉勸男士們，除非大家都帶太太聚餐，否則您帶上女士會被貼上標籤，有理講不清，造成不必要的流言。

　　如此說來，男女好像沒有友誼的存在，因為大家容易用有色的眼光來評論，是嫉妒也好是，羨慕也好，多少有酸葡萄心態。

的確在男女相處，別人常以不同眼光評論，您成為十目所視，十食所指，受傷害的是您，看笑話看熱鬧，被說風涼話及別人幸災樂禍的對象，也是您！

2018.10.11

125. 寫作的風格

　　文字表達是多元的，自古以來有文言文，近代有白話文，如今小說、戲曲、詩詞、音樂、散文、小品都是文字創作的風格。

　　有人說，文章中去除掉詩、小說、戲劇後，剩下來的就是散文了！散文的特色就是沒有特色，內容形式不拘，文章長短也沒有限制，至於小品文，簡單的說就是形式較為短小的散文。小品文像作文，一次只講一個重點，切入點吸引人、文字精練、意像豐富。

　　我不會寫小說，亦不會寫散文，只是寫些生活見聞，留下日後的回憶，幾年下來已寫了七百多篇，每篇文長不超過 600 字，短文易寫易讀、討喜。我很佩服星雲大師如今九十二歲高齡仍為文，柴松林教授今年 84 歲仍天天為人間福報寫社論，年逾八、九十長者，如此用心著作評論，是令人尊敬。

　　寫作可以思考，表達個人思維意境，記錄人事地物景像，一則可以分享，二則能留下回憶，三則可防止思緒退化，這是我喜歡寫作的原因，我往往於獨自健行時思考，可以心力並用。

2018.10.12

126. 做快樂自己

　　近日來我不以文圖問早道好，而是傳上一則自認不錯，有益身心的好文代替請安。我高興友人傳來美美的文圖，並存檔欣賞，許多文圖美不勝收。這是我的改變，七十歲以後對生活的態度，對名利的看待，對友誼的珍惜，應該有不同的認知，有些事情不必迎合別人，想做一個快樂的自己，心靈內心世界，可以自由自在海濶天空遨遊。

　　善待自己說來容易，要做到很難。許多個性習性難改，如生活節儉，即使有錢亦捨不得吃好、穿好。鄰居一對年輕夫婦，每天上下班以計程車接送，有錢是條件，但並非人人捨得！家附近我一位初、高中同學，每天享用營養早餐，每月平均要花上四千元，話說善待自己，有錢者未必捨得。善待自己可分精神與物質，前者不與人爭論，保持好心情，後者捨得在衣食住行上花費，如上事實陳述。

　　我相信「相由心生，境由心轉。」這句話，個性決定命運。內心善良和慈悲寬厚者，必長福相，一個人和藹可親，心善面善，是相由心生的必然，不是能裝扮出來的，形容那是多麼昂貴的化妝品。

2018.10.13

127. 文圖值點閱

　　近期我的改變之一，不再以貼圖回友人問候，而是傳一好文圖或有啟發性意義的短片。經過選擇後的文圖，個人覺得值得分享，當然必先過目審閱，而非盲目轉傳，將來建立信譽，形成招牌，樂於分享，形成特色。

　　終身學習來自群組好友，每天收到的文圖資料逾百則，從中挑選，當必先行點讀，從中學習一樂也，分享喜樂一樂也。昔日點閱過的好文，再度展現眼前，有意外的驚喜，我會整理存放部落格，那是屬於自己的資料庫。許多資訊雖然透過谷歌方便搜尋，但能溫故知新的知識是百讀不厭。閒時點閱多年前存放部落格好文，拉回往日多少回憶，人的記憶是有限，忘與記是老天送給我們的智慧，那些該忘?那些不能忘?要自己拿捏分寸。

　　健群歲月行腳分享許多網路好文，健群小品是我生活點滴回憶，朋友有興趣隨時可以點閱，登入谷歌搜尋即可，雅文分享眾樂樂！

2018.10.18

128. 用生命歌唱

　　早餐會上，聲樂家蘇麗文女士送我他的近作《用生命歌唱》一書。從他的自序中得知，音樂是生活的語言，是生命的養分。

　　他從小收聽廣播，每聽一首首的國台語歌曲，從收音機流淌出來，總有一種幸福的氛圍感染，而進入甜甜的夢鄉。小小年紀一直無法明白為什麼這些歌曲能帶給他喜悅與滿足，直到後來在學習音樂的過程中，才知道音樂有著很不可思議的力量，對身心靈精神層次有一股安定興奮鼓舞及療傷的力量。軍人唱軍歌，對作戰可以鼓舞士氣，對百姓可以激發愛國心。如法國《馬賽進行曲》、大陸《義勇軍進行曲》、《土耳其進行曲》等。

　　一生中總有許多階段會遇到您生命中指引您的貴人，蘇女士當年在鋼琴與聲樂的抉擇中，幸遇到周書紳教授的建議下，選擇了聲樂。又跟江樺老師和留法女聲樂家費明儀老師學習歌唱，一路走來大有成就，從小立志的潛力得以實現，可見名師是他生命中的貴人。看完蘇女士用生命唱歌一書，可以讓人擁有向上的意念得以實現，印證有志事竟成的名言古訓。

　　蘇女土書末提到歌唱的價值與優點介紹如下：

　　1、唱歌是一項有節奏的體內按摩。

　　2、唱歌能增強人體的免疫功能。唱歌能訓練神經通路。唱歌能釋放荷爾蒙，增進感情。

3、唱歌能健康減肥。

4、唱歌能增強呼吸功能。

5、唱歌能起到抗衰老的功效能有助於情感的通暢，讓您忘卻煩惱，舒緩情緒。

蘇女士認為，音樂是生命的養分，身體是最好的樂器，歌聲能觸動心靈最深處。他從 1972 年到 2018 年先後舉行國內外演唱會有四十幾場，都留下他個人輝煌的成果演出，記錄他用生命歌唱的永恆回憶。

2018.10.19

129. 忘與記我見

　　重讀往昔寫的文章，感覺不同時空下的靈感，有不同的看法，是思想的轉變或對事物有重新的認知？常感嘆景物依在，人事已非。當然改變是較成熟的！再看許多昔日所轉 PO 的好文竟然覺得陌生，那是忘的必然，何嘗不好！忘與記在生活中常見，希望能忘掉不好的，只記得美好的事物，那是不可能的，多數人偏偏會記得別人對您的不好。

　　「勿道人之短，勿說己之長，施人慎勿念，受施慎勿忘。」生活中是否時時警惕自己要能做到，凡事能感恩的人，心地必善良，凡事埋怨、不滿、牢騷滿腹的人，必然不會快樂，周遭的友人常見。如何才能讓自己快樂？在修行的道路上，要時時放下執著，去除無明，尋求生命解脫自在。看得透，想得開、就能放得下。因此在日常生活中，不怨天尤人，心必生歡喜，有樂觀積極正向思想的人生觀，才有好的心情。反之事事悲觀消極必徒傷悲。

　　無論你多麼坦然，都有人拋去白眼。無論你多麼善良，都被人說長道短。人難做；做別人嘴裡的人更難！要時時學會「忘與記」「記」是聰明；「忘」是智慧、是修養！年幼時期，我以為記得牢是真本事，過目不忘的大腦，真是天才啊！中年以後，我逐漸領悟到忘得掉才是真幸福。忘不了別人的閒言閒語 —— 人生會披上一層灰色陰影；忘不掉傷心的往事，人格會逐漸扭曲。壯年

以後，我開始向神求「健忘」之恩忘掉過去的輝煌，這是謙卑。忘掉已往的失敗，這是勇氣。忘掉從前的創傷，這是饒恕。忘掉昔日的罪過，這是感恩。忘掉朋友的不週，這是大方。忘掉仇敵的攻擊，這是愛心。「忘」比「記」難多了，「記」是聰明；「忘」是智慧、是修養 !! 說得真好，要記得「忘」喔！

2018.10.20

130. 珍惜師生情

　　有幸在母校服務 21 年，其間擔任十多年的隊職官，朝夕與學生相處，建立深厚的師生情。

　　今午赴桃園龍潭，參加學生利維民娶媳宴請，台北承租三部遊覽車接送，喜宴席開六十桌，22 期同學到了 12 桌，可見他的人氣好、人脈廣。受邀者除了同期同學，許多是昔日長官、同事、老友。我是 65 年他畢業時的連長，有 42 年的師生情，我與輔導長蕭世雄被安排座在當年十隊(連)學生席，倍受同學禮遇，論年齡期別，我只大他們八期。

　　復興崗 22 期 65 年畢業，當年我任隊長(連長)，畢業 42 年後的學生還記得請我參加娶媳宴，基於這分師生情，加上可以見見當年畢業的學生，我樂於參加。席宴中昔日學生紛紛前來敬酒，我與輔導長前往 22 期 12 桌席上敬酒，許多學生 42 年沒見，名字依然熟悉，這分情感，是復興崗子弟的傳承。

　　有感隊職生涯，最基層的連隊最辛苦，但情誼深，言行舉止，時時以人師、經師自許，確實做好表率，念茲在茲是把學生教好！同學們心裏很清楚，感受也很深，畢業幾十年還懷念著。許多學生都升了將軍，還不忘老長官，足堪欣慰！今後喜相逢於群組，此情將長長久久。

2018.10.21

131. 看門診有感

　　陽明醫院近在咫尺，五分鐘步行可到，今上午看診眼科，只花 50 元掛號費就可取藥，享受榮民優惠並體會全民健保的實質福利。

　　左眼疑似發炎，經眼科初診，透過儀器要量眼壓及視力，視力要加上傳統的人工操作，上下左右遠近的逐步鑑定，檢驗資料再提供醫生看診參考，是科學化的多重檢查。我只是左眼發炎，卻要經過以上例行繁雜手續，可見看診詳細。醫師開了紫菌素眼用軟膏及止膿敏點眼液，治療眼睛細菌感染，治根又治本。

　　大夫看我可以免費施打肺炎鏈球菌疫苗，開了處方單，打一次終身免疫，是台北市老人福利之一。台灣實施全民健保舉世聞名，連居住海外的人都形容，搭乘飛機來往看病都值回票價，可見政府每年貼補的醫療費用非常龐大。人在福中要知福惜福，醫療科技進步，帶來人類延壽。多少人服用慢性病藥劑，可以維繫康健，藥商、醫院、病患三方獲利，這是公認的事實，花費廉價醫療，是我們住在台灣百姓之福。

2018.10.24

132. 群族的情誼

　　幾年來因有 Line 網路平台，建立同質性的群組，讓彼此情誼永續。一個 Line 信息，一個問候話語，雖然很平淡，但代表一分關懷，一分在乎！要感謝天天傳遞信息的友人，因他心中有您。

　　憶 63 年至 65 年擔任連隊隊職幹部，看到 64、65、66 年班及專科一期學生先後畢業，這分師生情，經過四十年後仍然令我懷念！最近因先後加入各期 Line 群組的連繫，憶及年輕歲月，特別甜蜜。四十年前學生都很年輕，四十年後大家年逾一甲子，歲月瞬間流逝，感嘆時間無情，讓我們年華老去。

　　說實在，任連隊職，直接負責學生管、教、訓，每天生活打成一片，感情最深。後來任營長及訓導主任職只接近營、旅級少數四年級實習幹部。如今與學生有深厚的情誼是少校職建立的，階級職務高反而與學生較疏離，這是事實。如今在 21 期～23 期邀請下參加他們 Line 群組重拾往日師生情，拜網際網路之賜，我很珍惜這份情。

2018.10.27

133. 高鐵商務票

今天上午我們台北長青銀髮族一行 20 人，應台灣銀髮族總會之邀，前往新竹參加年會。理事長安排大家搭高鐵同班次，35 分鐘行程，非常方便。大家自行買票，我們在超商順利購票，一友人因買不到票而購商務車廂票，價錢貴了一半。大家開玩笑說他有錢，他苦笑說怕搭不上此班失約。事實上他有所不知，只要買到自由座票，可乘當天任何班次。

我未曾坐商務車廂，一問有何區別？羊毛出在羊身上，當然有許多禮遇。如坐位寬敞舒適，四排座椅，有報紙、點心、附送一盒果汁加上一瓶礦泉水，這是附加價值。常搭高鐵的人通常喜歡買當日自由座，一則不受限任何班次。二則便宜幾十元，最主要不怕搭不上車，非假日一定有坐位。而且幾位好友又可選擇同車廂，一起聊天說笑，對享有敬老票者是節省許多時間，我形容花錢買到未來時間！如趕到高雄參加喜宴，再搭末班高鐵當天往返很便捷。

參加台灣銀髮族總會年會，席開六十幾桌，遠至金門、彰化、台中各地區銀髮族齊聚一起。有趣味競賽有餘興歌舞，都是五十歲以上年紀，有高齡 94 歲者！本會張常監事 92 歲仿如七、八十歲，年齡不是問題，健康最重要！

下午我們五位老友溜出去喝咖啡，走了約 400 公尺一家便利

商店，比我們早到十幾位其他分會銀髮族，讓我們久等半小時，大夥聊天忘了午休，晚餐品嚐很道地客家菜，大家難得偷得半日閒，值得回味。

2018.10.27

134. 做快樂自己

七十歲以後，如何安排退休生活，做個快樂的自己？首要每天保持好心情，身心健康，無病、無痛最重要。

我的個性：樂觀開朗、喜歡正向思考。射手座的特性描述自己很貼切。A 型的我，豁達、隨緣自在，說真的。在職時就不與人爭名、爭利，對得失看得很淡，退休後更不計較得失，所以沒有煩惱！對別人的閒言閒語，情緒化的生氣是短暫的，昔日常勉己勸人：「吃虧就是佔便宜」，從不與人辯是非、論長短、爭輸贏，與人廣結善緣，心中喜樂自在。

我知道秉性難改，但個性可以隨身心修行而改變。一些友人，生性好辯、好強、好勝，失去友誼而不自知！一位做事追求十全十美，完美主義者，終因不能如己所願，而不快樂。我在 Line 上個人照片寫上豁達、樂觀、慈悲、善念，時時自勉！誠如許老爹談及養生長壽之道，一個字「笑」，兩個字「開心」，凡事不要放心上、不計較、要放下、要忘記，要做到「事過即忘」。如今他已100 歲高齡，是最高的智慧展現。

2016.10.29

135. 花賞心悅目

　　入秋在忠誠路、在敦化南北路，到處看到台灣欒樹盛開。此時在陽明醫院前，看到美人樹粉紅色花朵，在芝山抽水站四週邊，看到黃槐樹，小黃花碇放。一問才知道此樹一年四季都開花，屬於落葉小喬木。

　　大自然賜給大地之美，有花草樹木。人們將各種花卉種在盆栽中，加以人工栽培、施肥，讓盆栽花朵美艷盛開。如台灣聞名的各種蘭花，是客廳最常見的名貴盆栽，一年四季可觀賞，今年春節買了一盆盛開的西洋杜鵑，粉紅色花期又長，今年十月分又開始含苞待放，小小盆栽花開，讓人欣賞，心情喜悅。

　　盆栽是近看的美，樹花是近看、遠看都美。台灣一年四季如春，花草樹木終年讓人賞心悅目！如阿勃勒又稱黃金雨，開花時鮮艷金黃色花串，令人讚嘆。

2016.10.31

136. 憶打球因緣

　　從學生時代，一路走來，我與三種球結下因緣，網球、羽球及高爾夫球。話說高中時，與同學打軟式網球，回到了復興崗，直到 69 年開始學習硬式網球，退休前參加興隆網球隊，每週末假日必相約球賽。退休後，在仙跡岩山上與山友練習羽毛球，87 年遷居忠誠路結束三年羽球運動，89 年參加長春高爾夫球隊，有 12 年球齡，以上是我與三種球結下的因緣。

　　復興崗四年求學生活，却很少接觸其他球類運動，到了部隊擔任連輔導長，連上兩台彈子台，却不能與官兵同樂，引以為憾！回到復興崗服務，才有機會與體育系老師學習硬式網球，此一運動持續長達 20 年。後來參加長春高爾夫球隊，每月球敍兩次，直到球隊解散。憶打球因緣，有緣起有緣續有緣滅，前後有 35 年的打球生涯。

　　打球是身心健康最好運動，球場中的歡笑，因打好球或壞球或與同仁睹輸贏，那種心情又興奮、又刺激。但上年紀者，不宜劇烈跑步的羽球、網球。如今的運動以健走或登山為主，因打球是受時空條件的諸多限制。現在持恆健走，每天以走萬步自許，七十歲以後最適宜的運動。交朋友，做運動都是因緣和合，條件俱足下，加上天時地利，應當把握相遇相知相惜的機緣。

2018.11.03

137. 智慧型手機

　　記得二十多年前，在中央日報副刊看一則新聞。陳立夫在政治大學新春團拜，講了一則冷笑話。內容是鄧小平受邀訪美，卡特總統告訴他有一台多功能電話機，可以打到全世界。於是他打到天堂找毛澤東，對方說查無此人；對方幫他轉到地獄，查到毛澤東，却無暇通話，正在接受勞改。雖是很諷刺的笑話，但如今智慧型手機都具備這些功能，再遠的他鄉異國都可以視訊、視頻。

　　話說 21 世紀的今天，男女老少人手一機，片刻不離，生活、工作、娛樂休閒都依賴它，形容手機是人們的鴉片煙一點也不為過。智慧型手機仿如一台小型電腦，可下載資訊，上傳分享，可觀賞影片，可欣賞音樂，可拍照、錄影、錄音，拍照可透過藍牙，無線上網沖洗，這都是現代人享受手機的便捷。

　　如今智慧型手機，它的功能幾乎與電腦同步，上谷歌以語音可以查各種資訊，開車導航，無所不能。我當它是隨身筆記，靈感來時即為文，一篇篇小品文都在手機完成，轉傳電腦上文字檔，略加修改即能上傳部落格，再轉傳 Line 分享，寫作不用筆與稿紙，這是二十多年前不可思議吧！

2018.11.08

138. 人生老少圖

　　到產婦月子中心看到剛出生的嬰兒，到醫院看到老弱病患，從生到老是生命的過程，人人都要經歷！曾羨慕年少，但也曾經有過，看到老弱，大家正一步一步邁前，生老的過程是人生的必然。

　　網路的漫畫，人生四輛車：嬰兒車、自行車、汽車、輪椅；四張床：嬰兒床、單人床、雙人床、病床；四張證：出生證、畢業證、結婚證、退休證；四個瓶：奶瓶、飲料瓶、酒瓶、輸液瓶；四隻腳：嬰兒爬行、兩腳步行、三腳加拐扙、無腳輪椅，很寫實的人生。

　　生老病死是生命的流程，是動物的宿命，無人倖免。但求生得好、老得慢、病得少、死得快！人人都期待，數十年過往是艱辛的，人生百態，每人的人生都不一樣。您選擇是樂觀、開朗、積極、正向的人生，還是悲觀、消極、負面的人生，端看您的智慧。世界這麼大，能相見不易，當珍惜，用一個樂觀的心態面對自己的人生很重要。

2018.11.10

139. 泛藍大團結

　　兩年多來，我參加街頭抗爭活動不計其數。八百壯士埋鍋造飯的訴求是：大砍軍公教年金。還有勞工朋友街頭抗爭：勞資權益。遺憾是執政者無感，一意孤行，我行我素，造成眾多民怨。

　　九合一大選將屆，選前不到 12 天，昨天下午，我參加丁守中參選台北市長造勢活動。看到凱道國旗飄揚，估計有三萬多人參與，人手一面小國旗，這種盛況令人讚嘆與感動。今天在總統府廣場見証了民心思變，泛藍大團結，青天白日國旗飄揚每一角落。凱道架設大舞台，支持單位座滿廣場，進入會場入座之後，幾乎是寸步難移，水洩不通。國民黨主席吳敦義，馬英九前總統，吳伯雄、郝龍斌、張善政、蔡正元以及多位立法委員、市議員分別上台助選，高喊支持台北市長參選人丁守中高票當選。台下飛舞國旗，見證泛藍大團結。

　　基於熱愛中華民國暨愛護國民黨心切，我們來自復興崗子弟，自動自發於總統府廣場大會師。有 250 多人參加，在大型群眾街頭運動中，可以見到諸多久違的學長學弟，亦是樂於參加的誘因之一。今天 14 期同學到了 40 位。泛藍大團結，讓我們看到今年九合一選情樂觀，從北到南，從南到北，民心思變，勝券在握。

2018.11.12

140. 唱歌練習場

　　每月一次在友人家歡唱，我們是先後期學長學弟，據主人記錄下個月將屆滿 74 次。原先每兩月一次，近三年來改每月一次，我趕上此盛會。

　　主人鄭學長客廳加上書房有十幾坪大，客廳裝設一套高級音響，提供幾十人可以聚集歡唱。我們成了他每月一次的友人，主人有情，他每週邀請不同對象的朋友，如初、高中、大學等不同階段的同學來家歡唱。他每月在家中就可以見到許多老友，這是很難得的機緣，也是廣結善緣。

　　幾年來大家歌唱明顯有進步，誠如歐陽學長所說，這裏是最好的歌唱訓練所，此語給我靈感為文。最佩服主人告訴我說，他每首歌要自我練唱兩百遍以上才上台，如此敬業非人人能比。他並備妥一大筆記本，請大家每次簽到並寫下感言，留下往後美好的回憶記錄，用心良苦！歡聚時間很長，下午兩點至四點聯誼並享受主人用心準備的茶點，四點到六點半歡唱，晚上聚餐把酒言歡，情誼更深不在話下，我們共同群組取名「芝山緣」。

2018.11.14

141. 珍惜再見時

　　有感朋友相見，不知何時再見？也許幾年之後，難料不再相見，常言：「相見時難別亦難」。如今交通便捷，想見面隨時可見證但如不刻意安排，要見面亦不易！有感友誼情濃必常相見，反之疏離必情淡。

　　當年何志浩將軍百歲，我們為他祝壽，他常說，每月一次的早餐會，同時可以見到許多老朋友，不約而同相見。我前後參加32 年之久，月前我們全統會員，有感每年召開年會才見面，平時鮮少聯誼，於是決議成立每月例行早餐會，請本會榮譽會長王化榛先生擔任主席，由我負責召集通知會員參加。本月 11 日透過群組邀約，來了近 30 位會員，大家珍惜相見的聯誼活動，決議每月第二週星期日上午例行早餐會，大家相見於天成大飯店三 F。

　　每月早餐會，事先安排會員輪流專題報告，然後有會員交談聯誼時間。大家年逾七十，更加珍惜老友相見。不強調人人每月參加，希望有空就相見，是第一次早餐會的期許！我希望全統會員，能長長久久保持此聯誼。

　　　　　　　　　　　　　　　　　　2018.11.16

142. 健康即是福

　　到榮總探視友人，聽他訴說多年來一身的病痛。甲狀腺、肺氣腫、攝護腺、疝氣，最近因腸絞痛差點丟了命。上述毛病都先後住院開刀，進出醫院無數回。

　　我知道他身體的毛病，是因太胖引起。住院半個月，瘦了十幾公斤，戲弄他減肥成功。他說大腸連接直腸，截短 20 公分，以傳統手術免費，如達文西機器手臂手術系統高科技要花十幾萬元，如微創手術無傷痕要花六～八萬，自費付出的代價可減少疼痛。雖然有全民健保，但重大疾病的用藥及開刀如自費，可獲得較好的醫治，在經濟許可下，可以考慮。

　　要離開醫院時，他告知：大夫要在他胸口裝皮下血管，而後用藥注射方便，取代以靜脈針孔之不便，醫療科技進步日新月異。總而言之，健康能免除許多苦痛，想想住院的不便，醫療的花費，開刀的傷痛，能健康自在，無病無痛，對年老者是福！我輕快步出榮總，更體會健康可貴，大家要珍惜擁有身心康健。

2016.11.18

143. 我曾年輕過

　　每看到年輕朋友，羨慕之餘，回想四十年前的自己，那是青春歲月的留痕，從昔日照片中可以找尋。

　　父親有心，在我們兄弟姐妹成長過程中，留下許多照片，從孩童到小學、初、高中都有全家福照。在四、五十年代請相館攝影師到家中拍照，如今才能留下珍貴的青少年的倩影。

　　今非昔比，照相輕而易舉，只要有心，隨時拍照存檔。從前沖洗照片，如今存入電腦雲端，方便溜覽典藏。手機有修圖調節亮度、美白等功能，每有群組聚會，總不忘留下合影，日後五年、十年之後是很美的回憶。

　　以十年為單元來回顧，回首憶當年，感傷青春不再，青春不再回！暮然回首，却是一年老一年，一回相見一回老。暮年出現前，當我們和歲月拔河，無常已在我們臉上留下皺紋。

2018.11.19

144. 暮年善待己

　　週遭友人所見，退休後有少數人，犧牲自己時間，為照顧第三代而付出身心與財力，暮年未能享受休閒之樂。

　　佛家常說：「歡喜做，甘願受」，是許多退休者無怨無悔的心境。照顧兒孫晚輩，一則為上班子女分勞分憂，二則可享含飴弄孫之樂，當然長輩能照顧孫子，總比花錢請保姆來得有親情之愛。基於此，多少父母因照顧晚輩，而犧牲自我休閒生活，如參與終身學習、旅遊、登山、打球、歌唱等娛樂，未嘗不是損失。一些五、六十歲退休者，能健康長壽，至少三十年以上的餘命，能善待您人生的暮年，才是智者。

　　無可厚非，親情之愛，人人有之，但人必將老邁。我也看到一些友人，與子女約法三章，偶而幫忙照應孫子可以，但不能長期依賴，退休後才有您自由的空間，也才能安享晚年。兒孫自有兒孫福，父母不能因照顧第三代而失去自由。要趁能走能動的體能，多參與社交活動，那是黃金歲月十年、二十年！有一天您已年老體衰，有病有痛時，餘命的歲月才是人生的苦難。此文結語：「莫把照顧晚輩成了生活中的牽掛。」

2018.11.22

145. 綠地變藍天

　　四年前九合一選舉，國民黨挫敗。四年後的今天，韓流夜襲，國民黨大勝，六都勝三都，縣市長亦贏 12 席。喜見到藍天再現。

　　我小品文內容甚少談政治話題，亦不喜歡看政論性節目，名嘴談政治總覺得情緒會受影響。就如中國全民民主統一會是 28 年前內政部登記立案的政治團體，群組會員經常在平台上評論政事，談是非對錯，我點讀但不加諸個人意見。人人有言論自由，但個人意見不見得大家認同，是非對錯放在內心，不起爭辯，凡事必能和諧而圓融。

　　今天聯合報頭版標題：「民進黨大崩盤蔡英文辭黨主席」，人間福報 A1 韓流夜襲，綠地變藍天，讓我們喜見藍天再現！如果要分析此次民進黨挫敗原因，要歸究於二年半來，蔡英文做了幾件背離民意的改革，其一；軍公教年金改革。其二；勞資反彈的一例一休。其三；藉由轉型正義清算國民黨黨產。兩年多來，街頭抗爭不斷，八百壯士於立法院前埋鍋造飯，難道他視若無睹，非也!再再看到他對民意的冷漠和無感，顯示民進黨執政的傲慢與濫權。民意如流水，此次選舉看到執政的傲慢及改革已製造階級對立，讓局勢丕變，引發民意強烈反彈。民意轉向，公投綁大選造成選民大排長龍。我上午八點半排隊，投完票花了四十分鐘，事後知道台北各選區有人費時一小時、二小時排隊，此中選會因公

投綁九合一大選，未妥善安排流程，出現長長的人龍，有些年長者體力不耐久候而有棄投者，最遭受指責批評的是一邊開票還有人在投票，不無影響棄保效應？造成選舉不公，是民怨最多的一次選舉。

　　值得一提的國民黨提名的女候選人，贏得六席縣市長，分別是六都之一的台中市長盧秀燕、及彰化的王惠美、雲林的張麗善、花蓮的徐榛蔚、台東的饒慶鈴、宜蘭的林姿妙及嘉義市的黃敏惠，這是女性主義抬頭最佳證明。

2018.11.25

146. 群組進與退

　　網路中 Line 與微信都可建立群組，俾便互傳信息，聯絡情誼，此資訊之便。

　　因有共同的情感，如同學、同鄉及共同嗜好的球友、山友、牌友加上因緣際會，一起出國旅遊的友人，彼此共識同意下加入群組，互道早晚問安，最珍貴的文圖影片傳遞分享，一樂也。但群組中有爭論議題，如堅持己見，彼此傷情，有人退出群組，亦是他人自由，不必太介意，也不要太在意別人言論，否則影響情緒而傷情，當本隨緣自在。

　　雖有共同理念、共同興趣，但很難保證，有一天某人會退出群組，此時不必太介意，應以平常心視之！就如同政黨，甲政黨轉換到乙政黨或丙政黨，一些政治人物換了位子就換了腦袋，那是家常事，也是大家的自由。我願引用南懷瑾大師寫的一段話分享：

　　「你人再好也沒用，一定會有人不喜歡你」所以不要在意！

　　你人再好：不是每個人都會喜歡你，有人羨慕你，也有人討厭你，有人嫉妒你，也有人看不起你。

　　生活就是這樣，你所做的一切不能讓每個人都滿意，不要為了討好別人而丟失自己的本性，因為每個人都有原則和自尊！

　　別人嘴裡的你，不是真實的你。

一樣的眼睛，不一樣的看法。

一樣的嘴巴，不一樣的說法。

一樣的心，不一樣的想法。

一樣的錢，不一樣的花法。

一樣的人們，不一樣的活法！

人生的路，要活出自我，活出自信。

「錢」離開人，廢紙一張；人離開「錢」，廢物一個。

鷹，不需鼓掌，也在飛翔。

小草，沒人心疼，也在成長。

深山的野花，沒人欣賞，也在芬芳。

做事不需人人都理解，只需盡心盡力；做人不需人人都喜歡，只需坦坦蕩蕩。

堅持，註定有孤獨徬徨，質疑嘲笑，也都無妨。

山有山的高度，水有水的深度，沒必要攀比，每個人都有自己的長處；

風有風的自由，雲有雲的溫柔，沒必要模仿，每個人都有自己的個性。

你認為快樂的，就去尋找；你認為值得的，就去守候；你認為幸福的，就去珍惜。

沒有不被評說的事，沒有不被猜測的人。

做最真實最漂亮的自己，依心而行，無憾今生。

人生 1 條路：走自己的路。

人生 2 件寶：身體好、心不老。

人生 3 種朋友：肯借錢給你、參加你的婚禮、參加你的葬禮。

　　人生有 4 苦：看不透、捨不得、輸不起、放不下。

　　人生 5 句話：再難也要堅持，再好也要淡泊，再差也要自信，再多也要節省，再冷也要熱情。

　　人生 6 財富：身體、知識、夢想、信念、自信、骨氣。

2018.11.26

147. 舞班之情誼

　　談到跳舞，退休二十多年來，我先後在四個班別學舞，其一、士林長青大學，其二、東湖活動中心，其三、中山區活動中心，其四、士林公民會館，先後有二至五年經歷。

　　學舞幾年，自覺缺少舞蹈資質，學後易忘，倒是因緣下認識許多同學，如今探戈、倫巴、恰恰、吉曾巴及華爾滋勉強可以上場，當成活動筋骨。日前東湖舞班同學聚餐中，得知秦大哥已離世，印象最深刻是每次聚餐活動，他必備兩瓶紅酒助興！另一位年輕的助教罹癌，不敵病魔，臨逝世前一天，我與禾平兄前往榮總安寧病房探視，他臥床已不能言語，雙手吃力行五百大禮致謝，那一幕久久留在我腦海中。對生離死別的痛，很感傷！人生自古誰無死，只是在您認識的親友離世，總有那分不捨的難過，偏偏在您生活中不斷地發生。

　　全世界每天有多少人生與死，唯獨對有緣人特別不捨，此人之常情。佛云：凡人；緣起緣續之後必然緣滅，我們跳脫不了此生死宿命，只期待緣續能長長久久，不悲情於有一天會緣滅。雖然舞班早已結束，同學珍惜這分師生情緣，相約每半年聚餐見面一次，我樂於參加。

2018.11.29

148. 比較之利弊

　　有句話說得好，精神生活往上比，物質生活往下比，您會提昇優質生活品質。

　　有人說：不比較，不計較才能睡得著覺；有人說：不比較，不計較怎能嗄嗄叫？前者是指已退休者，後者應指職場年輕者。凡事有比較，就有分別心，有分別心就有：美醜、高矮、胖瘦、有好與壞，善與惡之別，無形中產生羨慕心、嫉妒心，憎恨心，心易生不平。在人群大眾裡，可分為「聖、賢、才、智、平、庸、愚、劣」八個層次，比較就有貴賤、貧富之差別，這些很容易讓人產生優越感及自卑心。

　　莊子思想提到人因有五種心，才會帶來煩惱。分析透澈，一語道破，僅提供如下參考。

　　1、比較心 ── 比大比小

　　2、虛榮心 ── 成毀之別

　　3、偏執心 ── 執著之心

　　4、貪戀心 ── 貪生怕死

　　5、是非心 ── 爭辯對錯

　　人非聖賢，心隨境轉，喜、怒、哀、樂、憂、傷、悲等情緒會起伏。境隨心轉，是修禪宗成佛最高境界。莊子提到這五種心境。天天在生活週遭考驗我們，要如何面對，端看個人修養與智慧。翻讀昔日授課筆記有如上感想，就教分享之。　　2018.12.01

149. 暮年快樂活

「預防勝於保養、保養重於維修、維修重於購置。」這是軍中保養廠的標語，人人耳熟能詳且牢記。提醒大家對武器、裝備、車輛平時要愛惜，強調保養的重要。人好比一部車子，5000 公里要回廠定期保養。同理，人要定期健康檢查，莫等身體有恙才醫療。

近日新聞：「裕隆董事長嚴凱泰罹癌病世，享年 54 歲。」讓人不勝唏噓！我們在變老的路上，要善待自己。忘掉平日所有不愉快的煩惱，用樂觀的心態面對生活，用包容的心胸善待他人。不計較，不抱怨，開心過好每一天。好心情是健康首要，癌細胞最喜歡找上心情不好的人及常生氣的人。

2018 年最走紅的一段話，身體是固定資產；健康是銀行存款；疾病是金融危機；死亡是徹底破產。可見沒有健康的身體，一切都化為烏有。健康好處多：自己不會受罪；兒女不會受累；少支出醫藥費；免擔心養老費；可快樂活百歲。世上很多事情無法掌握，活在當下就是最好的選擇，誰知意外與明天何者先來？

事業無須驚天動地，有成就行；錢財無須取之不盡，夠花就行；朋友無須形影不離，知心就行；兒女無須貧富多少，孝順就行；壽命無須無窮無盡，健康就行！沒有一個朋友能比健康更重要，沒有一個敵人能比病魔更可怕，與其因為自己的病魔暗自流

淚，不如堅持健身為生命增添光彩。人生，不過一杯茶，滿也好，少也好，爭個什麼？濃也好，淡也好，自有味道。急也好，緩也好，那又如何？暖也好，冷也好，相視一笑。「心」字三個點，沒有一個點不在往外蹦。你越想抓牢的，越是離開你最快，一切隨緣，緣深多聚聚，緣淺隨它去。人生，看輕看淡多少，痛苦就離開你多少。人人都怕自己不清醒，希望自己心明如鏡。(本文末段摘錄網文分享)

2018.12.07

150. 隨身小背包

　　友人送我一輕便小背包，折收後只有手掌大小，外出旅遊、爬山健走都能方便自如，聯想到現代人，享受物質生活及科技網際網路連線之便利。

　　刻板印象裡，背個小背包，帶頂帽子，多半是上了七十歲的人，自己早對了號入了座。的確上了年歲者，出門總要帶一些隨身日用品，如牙膏、牙刷、牙線，飯後清潔牙齒，保溫杯，隨時有水喝，帽子防日晒，雨傘防雨淋，太陽眼鏡防紫外線，老花眼鏡看書報，。需，尤其出門旅行，隨時可派上用場。

　　過去出門必帶手錶、筆記本、照相機、手電筒，如今手機功能全有，有衛星導航，不怕迷路，有捷運路線圖，隨時可查去處，更方便有銀行存款、提款、股票交易及轉帳買賣之服務，手機存款可至百貨公司刷卡服務，取代金融卡。聽說大陸許多城市，到市場購物刷卡，到百貨公司辦識面相即可結帳。科技進步，人人生活腳步都得趕上，「物聯網革命」一書提到，生活所需均可透過網路叫貨送貨。這是資訊時代，您不趕上腳步，小心可能成為社會邊緣人。

2018.12.06

151. 群組早餐會

中國全民民主統一會，每月第二週日早餐會，2018 年 11 月分正式成立，本月 9 日是第二次舉行，實到會員與會友 30 位。

本群組成立緣起，應回溯並延續健康長壽早餐會。我不離不棄，前後參加 32 年，每月第一個星期日上午於天成大飯店，因許多會員陸續加入全統會，經本會榮譽會長王化榛先生等商議，以全統會之名而成立，明訂每月第二週假日舉行。

本會會員人才濟濟，有學者、專家、教授、中西醫、軍警同仁，幾乎都是軍公教退休同仁。大家志同道合，有熱愛國家的共同理念，可以說是一群典型的知識分子，可貴的是許多人年逾八、九十歲，身心健康硬朗，是我們養生保健的學習標竿。

早餐會每月安排專題演講，有養生保健，有國事、家事、天下事之討論，自由交談，其樂融融，是本會同仁凝結向心最好的月例會。今天請到董延齡國醫大師演講，從中醫談養生，他報告以中醫 CPR 救人實例，行醫六十年，行善救人，功德無量。

2018.12.10

註：我擔任本會召集人，藉此文歡迎有志一同的友人，共襄盛舉，珍惜每月可以相見一次的機緣。

152. 美麗後花園

　　我享有距家很近的兩處美美後花園，其一是：「芝山環山步道公園」，其二是：「雙溪河濱公園」，從家步行十分鐘可及，今介紹後者分享。

　　大約七、八年前，我在雙溪河濱公園，每天晨曦或黃昏，前來打掃落葉，約百來公尺，當做是最好的體能訓練，左右揮掃不輸高爾夫揮桿動作，後來一位江姓先生，自告奮勇願意取代服務。這些年來他不僅每天打掃落葉，還進一步美化了環境。他告訴我，從廢墟的建材中，以摩托車載運搬來磚塊並陸續取得重達十幾斤的水泥柱，將運來的建材舖於道路兩旁。許多大、小石頭也是他於河堤兩岸溪邊撿拾，經由他整理美化後，有兒童學習三角形、圓形、四方形、長方型，將廢棄電風扇拆解，做成護樹造型，和整排擋泥石柱可護水土，有巧思有創意，這是一分愛心與勞力無怨無悔的付出。我佩服他的體力與毅力，讚嘆他熱心公益義舉。

　　特別請他提供照片，讓本文言之有物。每天多少行人，佇足留戀欣賞，左有溪流、中有埔桃樹林，右有大榕樹，陽光流水互動交會，是空氣的維他命。夏天涼風徐徐拂來，避暑好去處，在此林陰大道上，夏日打赤腳，步行泥沙路，身體接地氣，是天地人合最佳的養生。

2018.12.12

註：有興趣者歡迎到芝山一遊，我義務介紹導覽。

153. 賀生日快樂

　　臉書及 Line 網路會主動公布您生日，要保密都難。於是許多友人祝賀不斷，一向不習慣使用臉書的我，要禮貌回禮致謝，難免掛一漏萬，在此向祝賀的好友說聲抱歉！

　　老一輩的人都知道，母難日即您生日，母親懷胎十月，痛苦中生下您，沒有理由在您生日那天慶生！然近數十年來，生活富裕下的小家庭，父母主動為小孩買蛋糕慶生，為人小孩每逢生日就有分期待。及長；親朋好友長同儕會辦活動，如慶賀生日舞會或聚餐，此習慣領域下，成了生活中潛規則。印象最深者，我一位打網球的陳姓友人，二十幾年他請至親好友歡度一甲子生日，我們網友送禮到賀，席開一桌喜洋洋。經過不到十年他往生，一向身體硬朗的他，却不抵癌病，人生無常。如今；再看不到 60 歲過壽者，時空因素改變了人的慶生觀念。

　　我一位堂哥去年底，子女為他歡慶 80 大壽，我與姐弟從台北趕到高雄為他祝福，人情世故說來合情理。因今天社會高齡化，人人健康長壽，80 歲看來還年輕。我想再過 20 年後慶百歲不足奇。可見慶生因時空因素，年齡多少大有不同。中國人講樂活當下，每天都快樂，遠勝於生日那天才快樂，您以為呢？

2018.12.13

154. 志工的因緣

　　台大志工隸屬校本部秘書室，下轄：「聯合服務中心」、「訪客服務中心」。前者在校部行政大樓 101 室，後者在新月台，靠新生南路，每天上、下午均有輪值志工服務。

　　將近六十名志工，平時因值班時段不同，除了年度志工講習及秘書室主辦講座或校園景區植物介紹外，彼此很少見面。幾年下來雖面熟，人與名字對不上。幸志工隊長很熱心，主動不定期邀請大家聚餐或野外郊遊踏青，幾次之後大家從陌生到認識。

　　轉眼間，我擔任志工已十多年。，我常可回校見到昔日同事，我始終相信，相見就是有緣人。我們志工朋友能同時間在台大服務，一來志同道合，二來可以廣結善緣。有幸透過群組，讓大家能看照片留下印象。惜部分志工以英文署名，又無頭像，是否失去大家認識您的機會？人生的緣起不易，能緣續才是因緣，參加志工餐會有感。

2018.12.15

155. 談微妙關係

　　微妙關係有親情、友情、愛情三大部分，如夫妻、男女同事、同學或交往中的朋友，以下略談男女異性關係。

　　不是絕對性是普遍性。先談夫妻，除非新婚燕爾，上街、爬山很少手牽手，老伴是老了拿拐扙或行動不便相互牽手扶持，一般夫妻上餐廳吃飯，是太太付帳，除非先生掌家庭經濟大權；男女同事、同學通常分攤或各付；交往中的男女朋友，是男生付帳，但亦有誰經濟條件好，誰付帳，男生付帳是潛規則，理所當然。夫妻一起走路，一前一後，情人必手牽手並肩走，爬山亦是如此。聊不完話題是情人，情話綿綿是紅粉知己。

　　我留意觀察，老天配對的夫妻是外向、內向，節儉、浪費，愛語、無語，這些相對性，很少例外。另一奇特現象一高、一矮、一胖、一瘦都形成對比，非普遍性。以上所述是多人經驗法則，以及所見事實，見怪不怪，也許您是八成之外的例外。為何夫妻常爭吵，而男女朋友不會，結論是夫妻天天生活彼此不包容，而男女朋友不常相見彼此尊重，交往中的情人，彼此必輕聲細語，婚後沒話可說，往往沉默無語。以上現象是普遍性，八成是必然。

2018.12.16

談微妙關係一文，好友回應摘錄如下：

1、由衷之言，好文分享，謝謝！

2、明察秋毫，洞察事理，分析得真棒！

3、信義兄的宏文，真是一針見血。譬如，就算我們人人稱讚，人人○樂，在老婆、兒女的眼裡，我們可能仍是一條蟲。所以，要冷靜的三省吾身。

4、觀察入微，所言甚是，謝謝分享。

5、分析透徹啊!

6、哈哈哈！妙不可哉觀察細微。

7、夫妻婚前互相討好，百般遷就，以擄獲對方，婚後爭主導權，互不相讓，故而婚前牽手婚後鬆手，若非忍讓，定會分手。

8、婚姻都是學習。

9、明察秋毫，洞察事理，分析得真棒！

10、道盡人生歷程，真實可看，你任何文章都能細述明白，很棒，有您真的是好，謝謝您傳來分享。

11、觀察入微，互補，可能是(熟不拘禮)，易傷感情。

156. 最好的一天

　　友人傳來：清晨睜開眼，我們就要對自己說：「今天是最好的一天。」不要讓昨天的煩惱影響到今天的好心情。笑迎人生，笑看夕陽。多豁達、多歡樂、多喜悅、多正向。

　　天天收到清民兄自製文圖，文詞發人深省，今天摘錄如下：

　　懂，是世上最溫情的語言！最好的感情，就是找一個能夠聊得來的伴。各種的話題，永遠說不完；重複的語言，也不厭倦。陪伴，是兩情相悅的一種溫馨，懂得是兩心相通的一種眷戀！總是覺得相聚時光太短。原來～～走得最快的不是時間，而是兩個人在一起的快樂。幸福，是有一個讀懂您的人，溫暖，是有一個願意陪伴您的人!

　　說真心話，每天早晚收到友人的問早道好，內心是充滿溫馨與安慰。溫馨的是友人還惦記著你，安慰的是知道友人健康如昔。不要覺得那是多餘的問候，要當它是珍貴的友誼長存。我一向早睡，只好早起再請安。

2018.12.17

157. 年輕人不婚

　　與友人閒聊，探討一話題，為何時下年輕人遲婚甚而不婚，他提到三大原因：壓力太大，承受不了；犧牲太多，實做不到；風險太高，負擔不起。我個人認知，提出看法，非絕對性，但有普遍性，分享參考！

　　其一、壓力太大，承受不了

　　婚後，除非是富二代或男女一方有錢，可以少奮鬥一、二十年，否則租屋或購屋，經濟上即面臨每月貸款負擔，女孩婚後，生育要照顧小孩，暫時失業，沒有收入，兩人經濟壓力很大。

　　其二、犧牲太多，實做不到

　　婚後，沒有自由時間，夫妻彼此約束，有了小孩，幾乎被束縛，寸步難離。兩人無休閒生活，除非計劃生育或不育，可以消遙自在。同時婚後，要犧牲個人興趣、理念、想法、看法，而儘量遷就配合對方的個性，妥協心不甘情不願的生活習慣。

　　其三、風險太高，負擔不起

　　婚後，萬一雙方感情不睦，個性不合，天天爭執，走上離異，彼此傷害。家產與子女監護權，諸多問題，都是年輕人怯於結婚的理由。

　　當然結婚之後共組家庭，兩人一起奮鬥，甜甜蜜蜜，恩愛者亦大有人在，但誰也不敢保證，婚後沒有離異風險。基於上述，

時下年輕人不婚，寧願享受自由自在，不受約束的單身貴族生活，許多結婚而離異的年輕人，他們悔不當初，為何要結婚，有些人害怕結了婚而離婚，寧可不結婚，結論：時下年輕人吃不了苦，不能勇於承擔。

2018.12.19

一個氣球

陰差陽錯的嫁給了仙人掌
在一起摩擦碰撞 N 年
弄得自己身上傷痕累累
但氣球一直堅持著
終於有一天氣球受不了離開仙人掌～

後來氣球遇到了棉花
棉花對氣球的每一個擁抱都是那麼的溫暖
氣球的心暖暖的

氣球才明白：
不是努力堅持和忍耐就能換來溫暖～
是要選擇對的～適合的～
才會變的很輕鬆很幸福～

再付出～也得遇上感恩的人
再真誠～也得遇上有心的人
再謙讓～也得遇上珍惜你的人

選擇比努力重要～
不管事業、友情、愛情都是一樣

158. 結婚難的人

除了因宗教教規，如眾知的和尚、尼姑、神父、修女是終身不婚外，探討社會上亦有不婚族。結婚與否是個人價值觀，外人不予置評，但從客觀角度來看，亦有些人是無奈。探討此議題，也是普遍性而非絕對性或必然性。

一般遲婚或不婚的人，因錯失因緣機會，年華已逝，歲月不待，女性高齡生產有風險，種種因素，錯過終身大事，終走到不婚路。其實不婚原因很多，一般女性學歷太高，拿到碩、博士、博士後研究，職場地位高，或身材高、太胖、太矮都是擇偶的阻力。長得美、醜是您挑人或別人挑您，不無影響。社會上貼上女強人標籤，恐怕多數男人望而怯步。同理，男性身分地位太出色亦難匹配。最後有緣才走入婚禮，是否前生註定？而婚後又離異？難道也是還清前世債？緣盡情也了，有人說此生無緣盼來生，誰又知道來生您我會相遇否？

最近看了一文，愛的保存期限？愛情並非年輕人的權利，一旦結了婚，有了孩子、有了家庭、就有了養家的責任，愛情的保存期限是否很短？其實每個人都有愛的權利，但要選擇正確的愛，否則愛是有期限的。連續為文：「年輕人不婚」、「結婚難的人」，

僅從社會現象觀點探討，沒有對錯，那是時空下，潮流不可逆的
無奈吧！

2018、12、20

**　　轉貼友人的回應如下：**

1、我想不婚的理由是對婚姻愛情沒有安全感，無法承擔家庭責
　　任、生孩子的壓力。還有不想被婚姻束縛，薪水可以全部自己
　　規劃，省去婚後的家庭開支，比較愛自己，覺得不婚的話，就
　　能繼續逍遙過人生。

　　人生的意義奮鬥目的，不就是找相愛的建立自己的家，延續後
　　代嗎？不婚理由再多也不是理由，碰到真愛時就婚吧！

2、還有傳宗接代觀念没了。

3、「年輕人不婚」，是個人價值觀，雖然是社會潮流，但總覺得這
　　些年輕人，會讓父母懸念、失望和無奈。

159. 樂齡享餘命

　　餘命算法，即國人平均壽命加減於實際年齡，男女有別，居住城鎮有不同。如你今年 90 歲，已多活平均餘命十年，如你今年 70 歲，餘命不到 10 年，以此類推。

　　歲月催人老，時間對人都很公平。老化讓人體弱多病，滿臉皺紋。但老有老的美，女士要老的優雅有氣質，男士要老了有紳士風度。好看不好看不必在意，老了要健康最重要，才能活得有尊嚴。

　　老了可怕不健康如下：1、失憶失智 2、行動不便 3、眼瞎耳聾 4、不能吃喝。大家退休，可以長相聚，喝咖啡聊天、打牌下棋、登山健行、參加旅遊，先決條件要有錢有閒、能走能動、能吃能喝、無牽無掛。如是，您是快樂的老人族。老了不足懼，享受快樂晚年，生活是多采，生命是可貴。樂齡之年，能珍惜餘命，樂活當下，享受人生，令人稱羨。

2018.12.23

160. 酒可調濃淡

　　有人喝一口烈酒喜歡喝一口熱開水，有人喝白蘭地及威士忌喜加冰塊，我一位好友喝洋酒可加汽水、果汁、可樂及各種飲料，稀釋的酒好喝，我覺得酒變了味，但喝下肚的酒精度是一樣的。

　　在某次聚餐中，我們喝著 58 度的金門高粱，一位陸學長也帶了一瓶高粱酒，請大家品嚐，好入口又好喝，同樣是金門高粱為何有別？他告知加工調製方法。以 58 度一加上 38 度三的比例混合，經浸泡 10 天以上，再取出飲用，不濃不淡。金門高粱 58 度烈酒不好入口，38 度酒精較淡，將兩者混合調製成 43 度，濃淡綜合，有興趣者不妨一試。58 十 114(38 度×3)二 172 再除 4 答案是 43。有興趣者不妨一試。

　　人人酒量有別，在宴席聚餐中，發現有人海量豪飲，有人滴酒不沾。喝酒是助興，能適量適中皆大歡喜。要知道自己酒量而不超量是酒品，如喝酒失態那是掃興。中國人喝酒文化却是勸酒表誠意，我認為主客能隨意是基本禮貌。

2018.12.24

161. 喝酒與環境

　　評估喝酒者，受到內在因素與外在環境的影響。前者指先天遺傳，後者是工作職場及訓練。酒量好壞與先天後天的因緣和合有關，父母雙方或一方會喝酒，子女受遺傳及環境影響幾乎都能喝酒。

　　東西方喝酒文化有別，東方；尤其是中國、韓國、日本人，飲酒先乾為敬的同時也要求對方乾杯。但西方人是個別淺嚐小酌，白蘭地、威士忌是小口小口喝。在一般認知中，原住民同胞，男女都很會喝酒，從小家庭環境有關。軍人給人印象是大口大碗喝酒，是老一輩軍中傳統酒文化，您是軍人先認定您海量，這種思維是否定少數的例外！我父親輩，喝酒少不了划拳，台語、日語、國語規則都不同，聲音又很大，聽說邊喝邊划拳，可以解酒、消酒氣，此現象現已不多見。前些日子到澎湖旅遊，聽到隣桌包廂有划拳聲，兒時的回憶，倍感親切。

　　談酒文化少不了要說，每天要喝酒者，是酒精中毒。每喝必醉是不勝酒力。酒後亂性是藉酒裝瘋。酒後吐真言是壯膽。酒後續攤，商場生意人本性。在台灣時下看到舞女不會跳舞，酒女不會喝酒，都是迎合男人心態。醉翁之意不在舞、不在酒，也是趣譚。以上所見不知正確否?分享之。　　　　　2018.12.25

162. 煙酒已分家

自古文人雅士因酒催化許多好詩詞，摘錄一段唐朝李白的《將進酒》分享：

> 君不見，黃河之水天上來，奔流到海不復回。
> 君不見，高堂明鏡悲白髮，朝如青絲暮成雪！
> 人生得意須盡歡，莫使金樽空對月。
> 天生我材必有用，千金散盡還復來。
> 烹羊宰牛且為樂，會須一飲三百杯。
> 岑夫子，丹丘生，將進酒，杯莫停。
> 與君歌一曲，請君為我傾耳聽。
> 鐘鼓饌玉不足貴，但願長醉不復醒。
> 古來聖賢皆寂寞，惟有飲者留其名。
> 陳王昔時宴平樂，鬥酒十千恣歡謔。
> 主人何為言少錢，徑須沽取對君酌。
> 五花馬、千金裘，呼兒將出換美酒，與爾同銷萬古愁！

又如「抽刀斷水，水更流，借酒消愁愁更愁」。

可以說；是酒創造李白的豪情，是酒讓他成詩仙（浪漫主義詩人）。

　　菸起始年代無可考，印象中三、四十年代，歐美電影凡紳士淑女都抽菸，近幾十年來醫學至證實，抽菸有害健康，各國政府明令禁菸場所限制規定，於是抽菸者漸少。以上略談菸酒與生活不可切割實例。

　　無酒不成宴，在許多聚餐的場合，喝酒可助興，如果有女性朋友更增添喝酒氣氛。常說煙酒不分家，對一些人是例外，我認識友人中就有是抽煙族，但滴酒不沾。亦有喝酒者，從不抽煙，我屬於後者。說來是少數例外，如今人人知道菸害，許多癮君子無處吞雲吐霧，引以為苦，躲躲藏藏猶如過街老鼠。時代在變、環境在變、潮流不可擋，時空改變事物的價值，當年抽菸喝酒屬上流社會，如今菸已沒落，酒尚喜樂人間，喜慶宴會少不了它助興，之故；煙酒已分家，您認同否？

2018.12.26

163. 人際關係學

　　不談理論，只談生活的實際。常言：「以文會友」、「以球會友」、「以牌會友」、「以酒會友」，可見有共同嗜好者，容易做朋友，投其所好就是交友人際關係學。

　　連續寫三篇有關酒的文化，語有未盡，再補述之。有人菸酒不沾，但商場或官場中，初見能遞根菸、送上一粒檳榔，無形中已拉近彼此情感。生意談成了，民意代表於喜慶應酬，能多喝兩杯酒，拉了選票。請不要忽略了這層人際關係。生意人打一場高爾夫球，談成一筆生意，兩國元首打一場球，建立國與國經貿關係。官場陪長官打打球，留下良好印象，都是人際關係現代顯學。

　　隨順因緣者，較受人喜愛，凡事太講原則或太固執者會失去朋友。君不見民意代表個個能屈能伸，經常與群眾打成一片，平時就建立良好的人際關係，奠定群眾基礎。根據研究，良好的人際關係是健康快樂的基礎，事實證明，亦是做人處事成功必備條件。

2018.12.27

164. 親人相見歡：外祖父家族

　　小阿姨從澳洲回來探親，相約舅舅阿姨等晚輩，一起回到台南六甲，那是外祖父母居住逾一甲子的老家，也是我們兒時寒暑假，跟隨母親回娘家的家鄉，說來是七十幾年前的往事。

　　姐姐、我與大弟、二妹、小妹五人，欣然赴此盛會，一起搭高鐵南下嘉義，再租車前往六甲。幾十年的建設變化，幸有衛星導航順利抵達。中午在家客廳及小小四合院，由辦桌外燴直送到家，別開生面的宴席，熱騰騰的菜餚同時上桌，即可開席。在住家的席宴自由自在，不必趕赴餐廳勞車之苦。午席開六桌，見到三舅、六舅及四位舅媽兩位阿姨。外祖父事業，只剩三舅繼承，傳承了近百二十年的打鐵事業。如今是三舅孫子負責，大學畢業願意接棒，堪足欣慰！昔日的大家族如今已凋零，大舅、二舅、四舅、五舅加上母親二姨、三姨計七位長輩都往生，幸幾位舅媽都健在，但身體已不如昔！看到老病的必然，看見人生一路到老的宿命是無常。

　　今午出席親人計56位，招呼齊聚拍團體照，我與姐姐是年紀最大的表姐表兄，因母親是外祖父長女，舅舅、姨媽們的兒女都比我倆小，甚至相差有三、四十幾歲者。可見大家族的年齡差距。昔子有副對聯：「父生子、子生子、父子同生子，婆養子、媳養子、婆媳同養子」。當年外祖母生五舅、四姨及小阿姨，母親生大姐、

我及二妹，彼此都同一年，輩分有別，小阿姨因小我們姐弟妹故如此稱呼。

　　餐後泡咖啡喝茶享甜點，有舌尖的幸福感。彼此聊天甚歡，大家建立共識，往後小阿姨返國探親，表兄弟姐妹就齊約回到老家，第二代第三代晚輩能常相見，親情才能傳承永續！

2019.01.01

165. 親人相見歡 ： 二伯父家族

　　二伯父年長父親 10 歲，從小因祖父早逝，長兄如父。父親常提，當年成家是二伯父訂的親，一生走向警界，亦是二伯父的鼓勵。成了家立了業，一路走來與二伯父感情最深，我們從小就耳濡目染這分兄弟情，及長這分情延續我們堂輩兄弟。

　　二伯父子女眾多，有九男兩女，個個受高等教育，有三位當校長，有兩位大學教授，有高中老師，有公司總經理，有財經學者。女婿亦是高中校長，大嫂們個個是老師，人人都是知識分子。父親當年戲說，可以辦所學校綽綽有餘。

　　父親有五位兄弟，排行老四，常聽堂兄弟都稱父親為四叔公，父親凡事必請教二伯父，同樣二伯父事情都會徵詢父親意見，兩兄弟之情，看在我們兩家子女身上，是最好榜樣！父親是二伯父子女敬重的長輩，這分親情是我們幾位堂兄弟們所認同。無形的身教言教，讓我們堂兄弟建立另類情感。

　　此次順道高雄，除了探視生病中的新富大哥，在三哥新祥、五哥安排下，邀集弟妹們於晶頂 101 海鮮餐廳，席開兩桌，堂兄弟妹們相見歡，難得機會大合影。我提議我們五姐弟，個別與他們合影，留下珍貴照片。我們不談老，但要承認都一起走到暮年，彼此珍惜，老要健康且快樂，期待能常相聚。

2019.01.01

166. 因緣能聚會

去年 12 月上旬，預訂高雄住宿各大飯店全客滿，除了韓流名氣，加上政府旅遊補助，想沾光者眾。無奈之下，請住高雄的昔日 66 年班學生幫忙，訂到左營四海一家三間房。

在這因緣下，幾位 66 年班學生安排聚餐。盛情難却，一則想見他們，二則可敘舊，我們姐弟妹五人在左營桃子園餐廳做客。一別三、四十年的先後期校友。憶當年擔任隊職，期別高他們九期，年齡差不到十歲，但從他們口中，不改隊長稱呼特別親切，想當年我三十多歲，而他們才二十來歲。

相見歡形容此聚會，得知劉同學畢業即結婚，連生五位子女，為了現實環境生活重擔，服役 12 年即離開軍旅，一路學習，取得中醫學碩士，先後在香港中醫學院擔任客座教授，並且榮獲中國中醫研究院名譽教授。目前是日本體內環保科技研究學會等三個國際健康資訊策進會執行會長，看到他研究中醫學的成就，我們以他為榮。

席間他分享，我們平時如何與天地人、精氣神、身心靈合一。只要每天迎朝陽、送夕陽、踩大地，每天以意念加上潛意識心念，祈禱大地給予正能量。從每天迎朝陽光，吸取正能量，傍晚將身上濁氣，隨夕陽送走。赤足經常接受大自然地氣，則一、兩個月

身心健康可見，大家不妨即日起身體力行。

　　他們畢業四十多年，依稀記得名字，朝夕相處多年，看他們畢業，這分革命情感是復興崗教育孕育成功，值得欣慰。

2019.01.02

167. 親人相見歡：於台南佳里

　　一直惦念南部之行，除了參加六甲邀宴，此行拜見高雄堂哥，回程安排拜見高齡九十的新法堂兄(大伯長子)。

　　我們四、五十年代的人，普遍生長在大家庭，父母親有眾多兄弟姐妹，伯叔、姑媽、舅舅、阿姨從小的記憶至今，如今自己年逾七十，也看到他們老邁凋零，無常歲月卻是有常人生。

　　此次南下拜訪親戚，但見外祖父母故居已老舊，卻留下兒時回憶！睹物思情，諸多長輩已先後離世，不無傷感。今上午由高雄赴台南，車程約一小時，來到新法堂兄位於佳里北門中學旁的透天厝。轉眼有好幾年沒來。民國 19 年生的他，今年九十歲，身體仍硬朗，只是不能走遠路。大兒子移民澳洲，兩位女兒及小兒子很孝順，經常回來探視採買。幸有外勞負責生活家事，兩老真正是老來伴。

　　時代不同，老一輩的重男輕女，如今普遍認知女兒反而貼心孝順！婚後常回娘家，得知我們到訪，兩位女兒從高雄返家，幫忙接待並安排餐廳，留影是日後美好回憶，我在大哥女兒身上見證。

2019.01.03

168. 好友的回應

南下三天，探訪親友，提到外祖父母大家族聚會難得，到高雄與堂兄弟妹相見歡，在左營桃子園餐廳聚會，與 66 年學生回憶當年生活，留下我小品的內容記述，是生活所見所感，因是個人家務事，只傳些親戚及好友，收到回應摘錄如下分享：

1、噢！我終於找到答案，原來您是兩大家族大家庭出身，難怪親合力持別強，什麼人都可以處得來，讚！讚！讚！
　我回：是您的美言找到答案嗎?其實情緒管理是可以學習的。　您太客氣了！情緒管理也是其中之一，但事實上出身背景是有直接關係。

2、有眾多兄弟姊妹親戚，能保有一份真情，實乃人生至寶，天底下最富有福氣。時聞社會案件有，兄弟互殺、互告，親友成仇，讓人更覺，真性情是人性中，重要寶山。

3、真是幸福的大家庭，常相聚能凝聚家族情感。

4、家族興旺，相處融洽，令人羨慕。

5、親情可貴，福氣啦！

6、難得家族聚會，別具意義，恭喜恭喜～

7、這種親情甚是難得！親情無價！

8、描述上一代二伯父、四叔的為人處事，七、八十年前的往

事，歷歷在目如數家珍，如今兩家兄弟姊妹均已進入晚年，但願在此有生之年，更應珍惜這份血脈相承的感情。此次賢昆仲姊弟南下高雄探望我們，令大家感到雀躍萬分。(五哥照男回應)

9、祝賀同學新年快樂！拜讀大作……下筆如流水真棒親戚多感情好真熱絡，今天看看這像片，年輕的一輩和年長的一輩的差別～外貌協會的我，有所感觸：實在不能接受變成"老太婆"的自己，所以，人生只在乎精彩。其他交給老天爺作主。哈哈(初中同學方老師於 FB 回應。)

10、家族團聚，金玉滿堂。

51 歲退休，如今已二十幾年，我享受屬於自己快樂的生活，參加社大的學習，唱歌舞蹈打球，學習享受的快樂，亦是人際關係的增上緣。

2019.01.04

169. 植龍柏因緣

　　母校復興崗留下一草一木是此生的因緣，因為我在此生活工作四分之一世紀。(民國 53 年～57 年大學四年加上民國 62 年～82 年服務 21 年。)

　　今逢母校 67 年院慶，我們 14 期同學有 25 位受邀返校相見歡，院慶大會後，我參觀了國防美術館，有機會聆聽焦士太大師 90 回顧展，聽李奇茂大師的感言，及梁鼎銘女兒梁丹丰的生活回顧。

　　我信步走到我曾擔任學生第二營營長的校區，看看當年行政處長移交種植的 24 株龍柏。如今近四十年，已長約二公尺高，特別請學生為我留影，這是值得回憶的往事。(如附圖)

　　每年母校校慶我都樂以於校參加，一則可以見見來自各地的師長校友，二則回憶當年朝夕生活的校園，這份情感是特殊的，因為我青壯年歲月於此度過。

2019.01.05

170. 很好的啟示

　　友人傳來一則兩分鐘短片，洪蘭教授以科學角度，懇切的建議 89 歲前不可停止聚會、學習、玩樂，否則就變成三等公民，等吃、等睡、等死。

　　透過科學實證，成年人的腦細胞神經元不會再生，唯獨主管記憶的海馬迴細胞例外。但要透過閱讀、下棋、打牌及講話，讓大腦不斷的訓練思考，換言之要多動動腦。看電視是被動的學習，很少思考，唯有終身學習的人，大腦不易退化，之故年紀大者要走出去，參加各項戶外活動，如唱歌跳舞及適度的走路運動。

　　日前參加母校院慶，在回程接駁車上，一期新聞系吳東權大學長，發表他長壽養生兩大秘訣，其一；凡事別擺在心上，其二；生活要有期待。前者不記恨、不記仇，時時保持好心情，後者他期待每月三、九聚會，9、19、29，四位好友聚會打牌，打九個小時，中午一起把酒言歡，小酌至樂！今年已 92 歲高齡的他，仍神采奕奕。可見老了，不要停止玩樂是長壽秘訣。

　　　　　　　　　　　　　　　　　　　　　　2019.01.07

171. 憶外祖父母

　　外祖父生於民前 15 年，外祖母生於民前 8 年，他們都安享天年，分別是 93 歲及 87 歲過世，在民國 78 年 79 年間算是高壽，母親是長女，民國 10 生，當年外祖母生下母親才 18 歲。

　　憶小學，每逢寒暑假，最期待母親帶著我們姐弟回娘家。外祖父會到市場買回許多當季水果，如芒果、龍眼，讓我們大飽口福。印象最深刻，外祖父會親自到市場，買上好的牛肉為我們加菜。傳統大家族吃飯分三批，男士第一批，孩童第二批，媳婦妯娌第三批。二、三十人大家族用餐，井然有序，這是我兒時的記憶。母親早逝，每逢過年過節，小阿姨陪同外祖母來探望我們，帶來好吃的應景糕餅，那是我們最期待的。高中升學壓力下，就鮮再見外祖父母，後來因工作忙碌無暇探視，民國 78 年外祖父以 93 歲高齡過世，翌年；外祖母以 87 歲往生，我都請假回鄉奔喪，那是珍貴一分祖孫情。我退休回外祖父老家，見到幾位舅舅、舅媽，懷念外祖父母只能追憶。

　　外祖父一生以小型家庭鐵工廠為業，除了三舅、四舅在家幫忙，還請了師傅，在六甲鄉下，農民所需鋤具、鐮刀、菜刀等都能自製銷售。八二三砲戰後，從金門買了許多砲彈鋼片，是製造刀械最好材料，這是三舅父告知。如今農業以機械取代，農具生產業蕭條，製鐵生產業沒落，但逾百年老鐵店仍能傳承，在三舅

一位孫子，以機械自動化取代人力，如今產量雖少，但仍有老客戶登門訂製保養維修，可見農具仍是一般農民不可或缺。最近返鄉探親，思念外祖父母，特寫此文追憶分享。

2019.01.08

172. 隊職與教職

　　何謂隊職？即軍事院校負責對學員生管教訓工作者，稱隊職官或隊職幹部，教職顧名思義以教育教學為主，前者要具備人師、經師角色，後者只要做到經師即可。

　　古人云：「經師易求，人師難得」，我在母校擔任隊職先後十二年，教職 8 年，深深體會這句話。尤其在學生班任隊職幹部，朝夕與學生一起生活，您的言行舉止要能以身作則，為學生的表率，才能受學生尊敬。我自認擔任隊職，能嚴以律己，能時時做為學生榜樣自勉。

　　任教職有許多自己的時間，可以進修讀書，充實自己。當年一些同仁就是利用時間讀書考上研究所，進而讀博士或國外深造，在學術領域有了成就，當了教授。我們兢兢業業投入管教訓的隊職官卻失去自我進修機會，兩條人生路線只能成就其一，回頭想來還是讀書才能功成名就。

　　與學長聊起擔任隊職甘苦談，只怪自己不是讀書的料。當然每人的長項不一，瞭解自己走那條路最重要。天下事，得與失是相對的，得此失彼，應以平常心視之。彼此有此共識：每人長項不一樣，有人適合做學問、讀書、進修、研究工作，有人只適合做管教訓工作。人人發揮所長，適才適用，是分工合作的多元社會。沒有對錯，只要選擇所愛，愛所選擇，堅持下去，沒有埋怨，

此乃心甘情願。

做好人師、經師是期許，非人人所能，認真做好學生的榜樣，即達人師經師要求。唯人非聖賢，做經師不易，做人師更難。看到昔日畢業學生，四十多年之後，還念念不忘當年對他們諄諄教悔，這是身為隊職官辛苦最大的安慰。

2019.01.12

173. 要學習擁抱

　　對許久未見的友人，來個擁抱，是西洋見面禮節。一向保守的東方人，至今還不能普遍接受，在親情、友情、愛情三者之間的擁抱，是要如何拿捏，確實是一門學問。

　　長輩對晚輩的擁抱，有一分關懷的愛，友情之間愛的抱抱，有一分真誠。男女之間愛的抱抱，是一股暖流湧上心頭。異性之間的抱抱要兩相情願，否則變成性騷擾。

　　擁抱是肢體語言，對長輩或晚輩是親情流露，對同學友愛拉近彼此距離，對男歡女愛的擁抱，滋潤情感，但要會拿捏分寸。在時空上，要兩廂情願，現代人因親情、友情、愛情會牽掛您的一生。

　　長者、長官及男性主動下的抱抱比較不失禮，擁抱加上親親臉頰是更熱情的抱抱，從今天起要學會擁抱！在機場送行或接親友，久別重逢是擁抱最常見的場景。大夥餐會之後的離席，亦是擁抱最佳時機。如何推行，要大方身體力行。以上淺見，請友好回應高見。

2019.01.14

174. 老衰常病痛

　　大部分人，年老體弱多病痛，一般來說牙齒、眼力及聽力最明顯退化。之故；老了健康最珍貴。常見同年齡者，有些人健步如飛，有些人卻不良於行。年齡不是問題，問題是要從年輕開始營造好身心保健。

　　老態龍鍾，或未老先衰，如此差異是生活規律有關。年過七十，有感一些病痛浮現，近日我為牙齒疼痛所苦，只好做根管治療，在牙齒未全蛀情形下，裝上牙套，保住牙齒，比植牙要經濟實惠。其次耳背重聽者，與人溝通甚為不便且吃力，只好用書寫來取代，電話中亦難說清楚講明白。再其次眼力不佳者，常被誤解不打招呼，經解釋後才冰釋，這是常見的老衰毛病。

　　兩膝關節退化，因退化性關節炎不良於行，除了每半年定期要打玻尿酸或開刀治療別無他法。另老年人有些慢性病，如三高或糖尿病都要長期服藥，可以穩定病情。醫療科技進步，最常見的治療，是心臟裝支架或外科開心繞道手術，都可以治療心臟疾病，人人可以延壽。大家都認為軍人身體強壯，卻不知軍人在教育訓練很嚴格，尤其軍校四年的訓練磨練下，奠定良好的軍人體能。

　　老了；要能吃喝玩樂，基本條件是身心要健康，眼耳鼻舌身意都能自主，能脫離老衰無病痛，才是幸福。

2019.01.15

175. 親情覺有情

　　在家譜中，祖父 1871 年生，1934 年沒，享年 63 歲，祖母 1880 年生 1968 歿，享年 88 歲，都生於清末年代，父親 13 歲失怙，因此我們沒見過祖父，祭拜是吳氏歷代祖先，但對祖父腦海中是空白的，很難從心裡產生那分親情。

　　父親事母至孝，祖母晚年的健康醫藥由父親就近照顧，印象中祖母曾由父親接來家中小住一、兩年。我對祖母印象是裹小脚，清朝女性，人人裹小脚。那是舊時代女性的時髦，脚越小越有身價。記得我小學五、六年級升學補習，老師要求甚嚴，算術不及格要挨打，某夜我臀部奇癢，祖母發現是被老師打過的傷痕，即告知父親，父親將此告狀校長，校長告誡該老師，從此我免於挨打，但老師講了一句傷您心很深的話，不被打的學生等於放棄教育，就沒前途。小小年紀還怪祖母及父親不該告狀。四十年後在小學同學娶媳宴客中，看到當年老師，他自豪驕傲的邀功，沒有挨打怎看到您們今天的成就，不打不成器之意。

　　俗說：見面三分情，如果您與直系親屬從未見過面，很難有那分親情。親情就有情，如能相處日久，覺有情，未曾謀面未曾相處，情疏則淡。對晚輩來說，未曾見過面的長輩，很難體會到那分血濃於水的親情。之故；慎終追遠祭祖的思念，沒有那分親

人的影子，覺有情很難。同理第二代、第三代的子女，若未見過祖父母或曾祖父母，那份親情是疏離的無感，人之常情，您以為然否？以上個人淺見。

2019.01.18

176. 買魚長知識

　　每經過雨農路橋頭，總看到一輛小發財車。小羅清晨從基隆運載新鮮魚貨，來此販售。從小就愛吃魚的我，總會光顧買些魚，我成了小羅的客人。他告訴我，已在此賣了六年，顧客大都是晨運的老太太及路人，幾乎都是熟客。

　　小羅告訴我一些捕魚知識，願分享之：海釣通常有兩種，一是延繩釣，另一是一桿釣；所謂延繩釣，是在一根主繩繫上許多等距離的支線繩，末端結有釣鉤和釣餌，利用浮球和沉子，及浮標繩的長度和沉降力的配備，將釣具沉降至所需要的水層，一般用於魚場廣闊潮流較緩的海域，作業時隨流飄動，一桿釣，是在船邊放置釣桿，隨船垂釣。網撈有兩種，一是定置網，另一是流刺網。環保不允許後者，易破壞生態，因大小魚通網。

　　小羅每天清晨三點即開車赴基隆，與海釣客批魚貨，魚很新鮮。通常不賣養殖魚，如草魚、鏈魚等，除非有人預訂。所賣魚蝦大都是冷凍新鮮，價錢公道又便宜。我是老顧客，他服務很好，將魚處理很乾淨，買了魚請教他，是清蒸或紅燒，他會指導您，深受大家喜愛。

2019.01.22

177. 樹林下之美

　　冬天的晨昏，我喜歡漫步雙溪河濱公園，寬廣的溪畔，陽光普照，享受冬天日照的陽光。溪畔兩旁有步道、有腳踏車專用道，還有許多提供健身的場所，如溜冰場、藍球場、羽球場。我喜徜徉其間，溪流在日照下，有許多空氣維他命，我形容此處是世外桃源。

　　最美的一段路是埔桃樹林，冬暖夏涼，可以赤足步行其間，最好的接觸地氣。經過一段美化後的步道，我佇足欣賞，忍不住停下腳步，分享文圖。這是一段約百公尺的樹林步道，兩旁的樹蔭可以乘涼，友人精心美化變成美麗的後花園。雙溪河濱公園，介於雨農橋與福林橋之間，旁有溪流及河堤步道，我晨昏經常健走之路，在台北近郊有美美的步道，何處尋？是一分愛心加上熱忱，將此林蔭步道整理美侖美奐，是有心加愛心的成果。

　　為了文圖可考，我特別拍照分享於歲月行腳：
https://blog.xuite.net/wu120835/blog/586488815 友人可點欣賞之。這是大家共享的後花園，有空不妨到此踏青一遊，距離捷運芝山站最近，走路十分鐘可到。

2019.01.26

178. 分享是喜悅

　　晨起友人傳來好文、好圖、好影片，通常我先點讀選擇，再經過整理，以文字為主，刪除圖片，由簡轉繁，註明來源，標註日期，即存入「健群歲月行脚」部落格，易讀易存隨時可點閱。

　　體會，獨樂樂不如眾樂樂，如一人唱歌獨樂，不如眾人樂，旅遊登山亦是眾樂同行，群性使然。同學精心製作問早道好文圖，除了每天分享，我每月存檔於部落格，建議他可以集結成書出版，每天一文圖，有心蒐集，我們坐享其成。

　　資訊快速傳播下，我們看到醫療科技的創新，達文西電腦手臂的精細，突破傳統開刀難度，看到未來交通概念飛機、汽車的發明，人類生活的改變，都是過去不可思議的天方夜譚。當您看到再活五年後，可以改變人類基因的年輕化，人可以延壽 150 歲，心生憂喜，看到大陸研發快速磁浮火車時速 900 多公里，那是不久的未來可以預見。現代人生逢時，享受高水準的產品，提昇了生活品質，要拜科技之賜。

2019.01.29

179. 過年兩樣情

　　再過幾天就過農曆春節，這是往昔記憶最期待的日子，從小如此，然而年歲漸長，却有反思想法。上班族，期待春節有連續長假，退休的人，却不喜歡過年的人潮。

　　憶兒時，大家生活苦的日子，期待新春，穿新衣吃美食，如今生活富裕，平時已享有物質生活，對吃美食、穿新衣沒有那分期待，倒是長達九天的長假可以規劃旅遊，我想這是年假的誘因。時空環境改變思維，過年的熱鬧是年輕人的嚮往，却是退休人員生活的另類壓力與負擔。兒時的年味如今不再，許多人同感，不喜歡過年，除了歲月催人老，遠方的子女能否回來團圓，成了過年的罣礙。

　　因年齡不同有許多過年的想法，豈只兩樣情，應是多樣情，如今的您是否有同感？

2019.01.30

180. 過年多樣情

　　寫完過年兩樣情，諸多友人同感回應，似語有未盡，願補述之：

　　多年來看到大家對傳統過年潛規則有許多的改變，願將所見所感略述分享。

　　一、幾十年前每逢元旦、新年及春節，要寄上百封的賀年卡，有主動寄送，有被動回覆，那個年代還要印製署名賀卡與信封，曾幾何時已被網路資訊所取代。

　　二、逢年過節要帶禮物登門向長輩、長官、師長拜年，後來以電話取代，如今每天以 Line 資訊請安問候，這是幾十年來很大的改變。

　　三、過往逢年家家戶戶自製年糕等食品，如今方便採購，現成的年貨食品食物，應有盡有，只要前往市場或大賣場都可買到。

　　四、許多祭祖習俗到年輕的一代已不再延續傳承，再過幾代很難再現，小家庭已沒神明祖先祭壇。

　　五、賺大錢的公司如電子業者，老板的年終尾牙餐會中，提供高額獎金，員工分享福利，年終獎金帶動社會經濟互利，共享買賣熱絡的雙贏。

　　六、逢年少了許多婚喪喜宴，沒有人際往來的應酬，屬於

自己的時間較多，可以靜下心來做些自己想做的事情，如閱讀或寫作或整理多年累積的照片存檔。

七、賺大錢的老板與員工及兒孫滿堂的長者，過年要備許多紅包，得與失，捨與得，老少皆大歡喜。

八、最大的改變，許多人趁年假全家出國旅遊，少了過年忙碌的人際往來，少了採購年貨的辛苦，這是年輕人的流行風尚。

九、南北上班的他鄉遊子，過年南北往返的交通成為最大的困擾買票難，塞車苦。

十、同學會每年舉辦春節團拜，多達百餘人，可以見到鮮少見面的老友，這是我們復興崗同學可貴情。

以上所見所感就教諸友，是否同感？

181. 春節的年味

時空改變下，台北的春節冷清清。因住民約有一半來自中南部，每逢過年，大家往南回。台北出現街道車輛少，行人少，商店泰半都打烊。加上許多人選擇過年全家出國旅遊，可省去過年的繁文禮俗。不必採購年貨，不必人情世故的您來我往應酬，傳統的過年如今不再，我們是否遵守舊禮俗？而能追求新的思維。

除夕搭捷運到公館，再轉公車回興隆路，每年祭祖必先清爐，身為長子義不容辭。所聞：搭公車時，聽到一對老太太對話，睡單人床不會滾下床，反而睡雙人床常滾下床，不知何因？我告訴答案，他們覺得有道理。睡單人床潛意識已暗示大腦，翻身要小心，否則易滾下床。但睡雙人大床，心情放鬆，缺乏警覺性，易滾下床，原因如此。所見：馬路車輛車流明顯減少，商店都休業過年，公車上乘客稀少，以冷清的市區來形容不為過。

年味表現在廟會、走春、旅遊、塞車、寫春聯，大賣場人山人海，這些景象是年年所見！年輕人過年有別，唱歌、夜店是夜生活的遊樂，新年放鞭炮已有時限規定，這些都是春節年味的大改變。

2019.02.06

182. 新春開登

　　參加中南部兩日遊，昨晚剛返北，今早參加台大登山社，新春開登健走。除了兩位山友在 Line 上邀約提醒，一則可見見台大山友，再則春節登山每人可領取紅包，討個吉利。中午台大志工友人請吃春酒，都是今天走春誘因。

　　參加台大登山社十幾年，每週三、週末及假日都事先規劃好登山健走目的地及行程，對退休人員優待一年只要參加八次就是績優及格，可領紀念獎品一分。很慚愧去年我未達及格，不好意思參加年度大會。每月只參加一次，對忙碌的生活亦難抽出時間，說來是自己時間未好好管理規劃。

　　承天禪寺是台大登山社規劃健走好行程，今天上午八點半由永寧捷運 3 號出口，循承天路健行，經南天母廣場至承天禪寺，路程約 3 公里。是上坡路，要花四十分鐘抵達。徐會長年盛教授親自送每人紅包 100 元，並個別合照留影。與會登山者近 200 人，新春開登，大家滿心歡喜。登承天禪寺可禮佛又可觀景，是台北近郊好步道。

2019.02.10

183. 新春二日遊

　　台北長青銀髮族成立至今，才短短三個月，却先後舉辦許多活動，雖稱銀髮族，却有旺盛的活動力，參加旅遊是愉悅的，因為離不開吃喝玩樂。

　　春節大年初四、初五出遊，一部遊覽車坐滿 42 人，第一天到白河萬里長城文化園區，雖是人工造景，有山海關、兵馬俑、烽火台、開封府等仿造建築，春節帶來不少遊客。我們在此留影合照。午餐後前往台南玄空法寺，來此一遊的人，未必是有宗教信仰，大多數是欣賞珍貴的鐘乳石，上億年樹化石，寺廟陳列的巨石，令人嘆為觀止。晚下榻於嘉義東方明珠大飯店。晚上導遊特安排有狀元糕 DIY 及卡拉 OK 歡唱，大家歌舞同樂，享美酒吃宵夜。

　　第二天因考量春節塞車，由嘉義趕早七點出發，前往台中世界花卉博覽會。計劃却趕不上變化，預先購得后里馬場門票，觀看馬術競技表演，却因二千人場次早已額滿，花了錢但時間不允許，只能放棄。倒是先後到森林園區及外埔園區走馬看花，人山人海要排隊入場，比起上海世博是小巫見大巫，但總算不虛此行來此參觀。傍晚開車北返，晚餐亦提前，回台北看到市外溫度只有 15 度，中南部與北部溫差十度以上。圓滿順利且平安結束兩日

遊，倒是在車上許多人開懷歡唱，還有導遊小姐幽默風趣詼諧有顏色的笑話，留給大家難忘印象。最後要感謝陳理事長及美惠小姐熱心的安排與服務。

2019.02.11

184. 語言的反差

　　語言的反差是高明的說話藝術，聽到前半句很驚訝，再聽後半句，會心一笑，常見於拍上司馬屁。今舉數例說明之：

　　其一：當年高玉樹先生，以無黨無派競選台北市長，在政見發表會上說了一段話，前半句說：若我當選台北市長，會將總統府的國旗拔下。停了數秒，接著說將國旗插到南京，意謂支持反攻大陸，當年很震憾的政治語言術。

　　其二：某部屬在會中批評長官，最糟糕的一件事，就是不愛惜自己身體，似是責備，其實是關心。

　　其三：某長官指責部屬，某人，最大的缺點就是無缺點，讓被責備的一方聽到很窩心。

　　其四：清朝著名的紀曉嵐，才華橫溢，有次應王姓友人為其母祝賀八十大壽，吟詩一首「王老太太不是人，王母娘娘下凡塵，生個兒子去做賊，偷得蟠桃獻母親」。主人聽完，心中大喜，可見語言反差的效果。僅舉上列，可知說話的技巧。

　　我佩服遊覽車中途上車推銷員口才，他們將產品介紹後，乘客心甘情願掏出口袋鈔票搶購。原因是，沒電視廣告費、商店租金費，故比市價便宜很多，聽完此話，您很難不買，相信大家都有此經驗。駕駛、導遊、買方乘客、賣方主人四者獲利，此三贏之行銷，備受歡迎。　　　　　　　　　　2019.02.12

185. 新春團拜會

　　印象中，復興崗 14 期同學春節團拜會，今年已連續舉辦第六年，先後在士林公民會館、凱撒大飯店等地，今年二月十二日上午在大直碧海山莊舉行。

　　中午餐會席開 12 桌，同學久別重逢，難得有遠從花蓮、台東、高雄、台中、桃園、宜蘭赴會同學，團拜摸彩獎品有同學捐贈的字畫，牡丹、山水、竹子等分別由邢萬齡、王景浩、黃錦璋、陳嘉峻、及陳鳳珠女士捐贈作品。還有同學會贊助獎金，二十幾位幸運同學得獎。加上游昭仁薩克斯風吹奏，同學歌舞，相互敬酒，春節團拜其樂融融。

　　有感友誼的變化，人生無常變易應視正常，友情亦復如是。昔日常聚的濃情，今日疏離會變淡，此常理亦是常態，個人很感慨！友誼的情淡，會隨時空環境有所改變，不必太在乎有些人在您生命中失去，因有許多新朋友會走進您的生命裡。同學友誼長久，因不常見面淡如水，因常聚會濃情如蜜，卻有一天反而會情淡而疏離。失與得本是相對，認知因緣際會，不必太在乎誰有一天離您而去，或對您突然冷漠，您的心胸就會釋懷，不是嗎？

2019.02.14

186. 愚蠢與聰明

　　德國前陸軍元帥曼斯坦以「愚蠢/聰明」「勤勞/懶惰」為 XY 軸線，畫出 4 個象限，區隔出旗下的 4 種軍官：
1.又懶又笨的；2.聰明又努力的；3.笨又努力的；4.聰明又懶惰的。如下圖：

　　你知道哪種人最可怕？哪種又最適合當高層嗎？

　　下圖只談軍官，但在企業界談用人同理可參考。

　　第一種人：聰明又懶惰，適合當高層指揮領導者；

　　第二種人：聰明又努力，是優秀的幕僚，適合當秘書參謀；

　　第三種人：笨又努力危險人物；

　　第四種人：又懶又笨無害。

　　人雖分聖賢才智平庸愚劣，但人只要擺對地方，都是人才，適才適用最重要。聰明者不能做壞事，否則危害國家社會更甚，人人能守分守法則社會安寧。最後再引用美國丹尼爾、戈爾曼的至理名言；智商高、情商也高的人「春風得意」；智商不高、情商高的人「貴人相助」；智商高、但情商不高的人「懷才不遇」；智商不高、情商也不高的人「一事無成。」您是那一種人呢？

2019.02.17

187. 了然於心中

生活經驗告訴我們，喜歡在您面前談論別人是非者，同樣也會在別人面前批評您。生活中常見，無心的一句話得罪友人，有心的批評傷了感情。因言語不妥造成的不愉快，失去幾十年的交情，得不償失。

人最大的缺點是，喜歡以自我的認知，或所見所聞，不經查實，就傳播消息。喜說人閒話者，必不會受到別人喜歡，這道理人人都懂。但閒聊之餘，總愛道己之長，說人之短。平時做到三好運動，「說好話、做好事、存好心」多積口德，必有福報。

也許這就是人性的弱點，如評論批評之語是中肯實在，則別人可以接受。個人主觀意識，一面之詞，成見偏見，都不宜輕言。所謂忠言逆耳，有多少人能真心聽得進去？所謂良言一句三冬暖，惡語傷人六月寒，一句刺心話，使人終身埋怨記仇；一句感人勉語，使人一生衷心銘感。沒有不說好話的道理。讚美能夠予人進取，也是與人相處應具備條件。善意的批評能改正別人缺失，由衷的稱許，誠心的建議，是說話的準則。

2019.02.18

188. 豁達才快樂

　　凡事執著，必起爭執而傷情。反之，凡事豁達，心中必快樂。「了悟於心中」一文分享後，點閱人數已多達二百人次，收到許多友人的回應。贊同所言，因生活中，所見所聞見証許多事例。

　　友誼由淡漸濃是常態，由濃轉淡是改變，生活所見確是常態，原因無他，因感情太濃蜜，而經不起疏離。淡如水；反而能長長久久。古人云：「君子之交淡如水；小人之交甜如蜜」，不無道理。

　　別在意別人一句話，而傷情，也不要常批評，而遭受誤解。善意與惡意，往往不是主觀的認知，而是客觀的論斷。有些話是；說者無心，聽者有意，最好是；說者有心，而聽者不在意。有修養的人，要學會，不必在意別人背後的閒言閒語。可悲的是；執著的個性很難修正，總是懷疑別人的善意，煩惱不斷。

　　我感慨説；做人難、難做人，最好是少言、少批評、少爭論，言多必失，除非是善知識的傳述。

2019.02.20

189. 同學情有別

　　以年齡層來說，有不同階段的同學情。少年時期，初、高中的同學情，青年時期，復興崗四年大學同學情。成年時期，社大同學情。退休後，樂齡老人社大同學情。

　　不同年齡，因學習因緣，認識的同學是難能可貴，尤其同學是一輩子「法情」。目前居住在台北的初、高中同學有十位，彼此逾一甲子交情。我們是曾文初中及曾文中學高中時代同學，不定期在台北聚會。彼此有青純的過往，聊談有共同的回憶，那分情，濃中有淡。軍校復興崗同學情，是高中畢業，來自全省各地有緣相聚。四年大學同學，如今於已逾半世紀，四年朝夕生活一起，同甘苦同，訓練學習，一路走來，從年輕歲月到如今遲暮之年，大家都逾七十之年，這份革命軍人的感情是始終認同，淡中有濃。社大及樂齡老人大學更是奇遇，沒有學歷、年齡限制下，(除樂齡要六十歲以上)。社大是老、中、青三代的同學情，這十幾年來才享有的教育福利。我特別懷念參與心靈哲學課程，連續有七年一起學習。課程結束後之後，持續每月聚會一次，前後有近二十年的同學情。如今彼此成為終生朋友，緣起能緣續最可貴。

　　回憶是青純的過往，聊談有年輕的回憶，這就是同學情的可貴。最近幾位高中同學聚會，都是七十多歲時光的留痕，感嘆歲月催人老。　　　　　　　　　　　　　　2019.02.24

190. 死生本無常

　　人來到世上是偶然，離開人世是必然。您所認識的親人，離世是傷感，您所認識的友人離逝是傷情。傷感或傷情，在生活中不斷的要面對。

　　當聽聞某某親友往生，直覺上想知道他幾歲？為何離世？令人扼腕的是有些親友不到六十歲，走完人生旅程。只因現代人，普遍要活上七、八、九十歲，科技醫學進步下，如今活到百歲已很普遍，長命或早逝是比較下的感覺。

　　死亡大多數人是病故或老死，但多少意外事故，奪去寶貴生命。在命理上來說，人是拗不過命，很難跳脫宿命，生死天生註定。有人希望搭飛機失事身亡，可以受惠龐大保險金額，但死亡不是如您期待，飛機失事或然率是千萬分之一。生活不易，老病要死亦不易，生死是大事，但非自己可以掌控！有人痛不欲生，久病在床，或失智失憶，或植物人，他們生不如死。病痛折騰自己亦連累家人，可知死生不由命！因緣果報亦難說清楚，誰也不知前世因，卻要承受今世果。

　　復興崗同期同學畢業 51 年，卻有 60 餘同學往生，聞之不無唏噓，想到死生本無常，心中應釋懷。

2019.02.28

191. 憶岳父往事

　　岳父李仰韓先生，於民國 77 年五月出版《憶往點滴》一書，封面題字孔德成先生、木刻方向教授、書內題字無名氏、插圖姚夢谷先生、作者畫像梁中銘先生、代序謝冰瑩名作家、編輯是李仰弼先生、名詩人李莎（註）、我掛上名字是校稿，這是 31 年前往事，這些藝文界名人都先後離世。

　　岳父生於民前 12 年，民國八年，考入山西大學預科班，民國十年畢業，又考入北京中國大學政治系，民國 15 年畢業，民國 16 年在山西考取縣知事，並在訓練班結業，嗣經考試院覆核及格發給證書。民國二十年就任山西省山陰縣長、二十二年方山縣長、24 年調中陽縣長，西安事變發生後，曾參加歡迎蔣委員長脫險來歸行列，民國 26 年七七事變以後，歷經八年抗日戰爭，東奔西跑，38 年隨政府來台，民國 39 年奉指派參加革命實踐院第 11 期受訓，來台擔任最高法院科長職，屆滿 70 歲退休，內弟自彊家中還裱掛「忠孝傳家」獎狀，那是民國 36 年國民政府主席蔣中正頒給岳父喪母的珍貴表揚狀。

　　《憶往點滴》一書提及，退休後曾於民國 71 年春，赴美探親，73 年赴荷蘭轉赴德國、南下巴黎、又赴西班牙馬德里、意大利羅馬、瑞士、比利時、盧森堡、到英國倫敦觀光，有此因緣，這是他引以津津樂道的。生前他告訴我於大學時，民國 13 年曾參加國

父逝世謁靈，民國 64 年又參加蔣公謁靈，事隔 51 年，有多少人有此機會。當年岳父家境很好，才有機會上大學，想想又有多少人有此條件。以上簡述憶岳父往事，留下回憶。

2019.03.02

註：順便一提的是李莎（李仰弼）是我岳父的四弟，當代詩人，與謝冰瑩女士與羊令野等詩人是好友，如今年輕人又有幾個知道他們，歲月長流，那只是一段小浪花，無情洪流很快沖散。岳父民國 80 年過世享壽 93，李莎 82 年往生享年 70 歲。

李莎當代詩人。原名李仰弼，曾用筆名伶丁、黎悶虹、普楓、李放。1924 年 7 月生，山西省垣曲縣人。抗戰期間在山西第一聯中時開始寫詩。1942 年在《陣中日報》發表處女詩作《落難的老婦人》，同年參軍，任少尉政工隊員，在陝西韓城以懷鄉和戎馬生活為主……

192. 煙酒的因緣

　　菩薩畏因，眾生畏果，因緣果報是定律。宗教勸人為善，有些教規，可制約人的某些行為，如佛教的守五戒(不殺生、不偷盜、不邪淫、不妄語、不飲酒)，如摩門教智慧語(不煙酒、咖啡、茶)等刺激品。

　　人從青少年，一路走向成年，邁向職場，為交際應酬而與煙酒結緣。有人終其一生離不開，有人因健康醫生勸戒，有人因信仰制約而戒，這是緣起緣滅的必然。煙酒成為人人生活嗜好習慣，要有堅強的意志力才能戒除。一旦有一天危害到身心健康，戒除是唯一的選擇。

　　早期環境中看到抽煙喝酒，上流社會交際應酬的場景，使人有時髦錯覺的認知！近十年來在政策法令及文宣不斷宣導中，除規範煙酒年齡並限制抽煙場所下，很有成效。尤其大家知道抽煙有害健康，酒駕危害公共安全，如今煙酒並不受人歡迎，打破幾十年前對煙酒的迷思！時空改變事物的認知及價值，從抽煙喝酒可證。

2019.03.06

193. 寫作的樂趣

　　將自己對人事地物的一些想法看法形諸於文字，發表於部落格或傳送 Line 分享，獲得友人的認同，是一種喜悅。即使有些不同看法，是相互切磋學習，亦是增長知識見聞。

　　一友人最近為文，發現自己可以寫作，後悔應早 20 年前提筆。我說：20 年前歲月歷練及見識，與 20 年後的人生閱歷成熟度是不同的，現在提筆不遲！有感不同年齡、不同時空背景，自己想法看法是會改變，仔細思考，昔日的思維對比今日的觀點，改變是進步，變中必有差異。

　　馬克思的異化論可以說明之；異化是指原本自然互屬或和諧的兩物彼此分離、甚至互相對立。異化一詞即疏離之意，否定原先自我的信仰或思維模式。政治人物明顯的政治立場，因時空背景改變而異化是常見，寫作的思維亦是。成長中的蛻變是精進成熟的，那是經驗的累積，多少作家對往昔的文章有所修正即是。

　　　　　　　　　　　　　　　　　　　　　2019.03.07

194. 因緣之奇遇

　　友人傳來一文,「黑暗的時代、悲劇的人物、光輝的人性」一文,讀後我回應:「此乃歷史時代的家庭悲劇」,友人即傳文,要透過我的人脈找尋作者易女士,巧的是同學群組亦有此文,我同學回應:～撰文者……「易若蓮」小姐~是我在(台北商業大學……前身「北商技術學院」)的工作同仁~努力而優秀!頗獲上級拔擢……也是我所敬佩的好同事~在此之前……咱們都各自忙碌著自己的工作~那有時間閒聊這麼多～今不是她的勇於「執筆」……還真是「易想不到」～她那「大時代」的……「悲愴」與「惆悵」心中的「無奈」與「感慨」也就可想而知了～往者已逝,如流水般的潺潺而過……。就讓他平靜安然的過去吧!美麗典雅賢淑的您～是否依舊「光彩亮麗」……「陽光燦爛」～曾經是一起「打拼」的……工作夥伴敬上!

　　我昔日學生曾在台北商業大學服務,當過總教官,即請他代尋易女士,很快地得到易女士回音:「老師您好,謝謝您的告知,我想李總教官的老長官找我應是跟我父親的故事文章有關。加我 Line 就可以聯絡,麻煩您轉達,謝謝您!張安樂總裁白狼哥,期盼和作者易若蓮見面。張總裁也是外省第二代,也有此情節,讀後感同身受,煩請會長連絡易女士見面餐敘。此乃我周姓友人傳來。

　　吳會長您好，感恩您們對家父的故事熱情回應，這篇文章是我口述，去年的 5 月在大陸止戈傳媒發表的，文章歡迎轉載。

　　談○○教官是我工作上的前輩，與他共事期間，給予諸多幫助指導，他是辦公室裡的開心果，很懷念與談教官共事的那段時光！

　　感謝張安樂總裁的邀約餐敘，我因前些日子身體不適，吃多消炎止痛藥，引起胃潰瘍，目前還在治療中，請代我向總裁致歉！同為外省第二代，我們都有共同心願，早日完成統一！

　　易女士回覆此文，我樂於轉達，太好了！見面不急於一時，能連絡到您是我答應周先生之請，會轉達您的心意，會長您客氣了，父親的故事能發表，還引起了很多人的共鳴，是我始料未及的，其實很多跟我同是外省第二代的朋友家庭也都有類似的地方，我家是因為有庹叔叔感人事蹟，在大陸被發掘出來，再由協助哥哥們來台灣祭拜父親的大陸公益團體及志工協同記錄台灣之行並訪談我們在台子女，這整個故事才串聯起來。

　　戰爭造成的傷痛與傷害，對於我家來說也不亞於 228 事件，我們只能暗自吞嚥，我們的政府好像都沒感受到這群老兵對台灣犧牲奉獻！認同您看法，太好了，謝謝！因緣的奇遇一文，引用彼此的信息，應不致於影響彼此穩私吧！很高興完成友人所託，期待不久的日子，能讓張總裁與易女士見面，我當樂於奉陪。

2019.03.10

195. 無形的引力

　　人與人之間，初次見面的印象很重要，有一股無形的磁場互動交流。於是有人很容易就做朋友，有人却彼此看不順眼，沒有交集，這是很難解釋清楚的。

　　好有一比，男女相親，有一見鍾情者；也有一見如故者；也有人一見就不想再見者。歸究其原因，一句俗話，磁場不對。什麼是磁場？看不見摸不著，那是無形的東西，但確實存在。與中國人說的生辰八字有關，與個性血型有關，與西洋人所說星座有關。以前中國人說媒，要先拿男女雙方的八字和算，有無六合或相剋對冲，現在年輕人是不會相信！但從命理學、姓名學來探討是有依據，為何有人要改名，就是要改運？信者恆信，不信則不信，從血型看個性八、九不離十，都是無形的磁場相吸或相斥。

　　當然先入為主的主觀印象會主導客觀的認知。憑經驗的直覺是無形的磁場在牽引，磁場相近者，看法是一致。有句話說，一個人被人喜歡，必有人不喜歡，那是相對的概念。如果一個大家都喜歡的人，必有他個人的魅力。但這個人，可能是鄉愿或八面玲瓏的人。政治檯面上常見之。我寧願做個百分之八十的人喜歡，但有百分之二十的人不喜歡的人，這才是好人。

　　讀過理則學，知道所言要周延。所謂無形的引力，會隨時空環境的人事地物而改變，磁場改變後，人與人之間的友誼也會改

變，因此常言：「沒有永遠的朋友，亦沒有永遠的敵人」，我們要以平常心看待友誼，則心無罣礙。靈感的心電感應，潛意識的心想事成，就是磁場。結論是：有些人您不喜歡，有些人您很喜歡，是磁場的引力，個人淺見。

2019.03.11

196. 談主觀意識

　　小品文以五個字為題，是主觀意識，我執是也！

　　大多數人，都有先入為主的觀念，此主觀認知，會影響對人的偏見。尤其政治立場不一樣者，看到或聽到對方的言談，自然產生排斥，進而批判，是合理之常情。，前文所提，無形的磁場不能交流。人是很奇怪的動物，對人的成見很難消除，有些為人長者(官)，對晚輩、部屬的好壞，形成刻板印象後，很難改變，部屬很難有作為。

　　莫明地對某人好，應該是彼此共同的嗜好愈多，或談得來，磁場很接近。反之漸行漸遠，就不會有交集。合理的解釋，第一次見面直覺的反應，看對眼，會進一步成為朋友。看不對眼，就緣盡情也了，異性朋友尤為重要。以演員來說，常演壞人角色，肯定惹人厭，常扮好人角色，必討人喜。人的長相美醜相對佔便宜或吃虧，先入為主的認知，只憑外貌，那是很不公平，事實上日久才能見人心，反躬自省，您是否也有此心態。

2019.03.16

197. 讀好文不易

　　一篇文章發表於報章雜誌，有緣讀到的人有限，何況報章幾天後，即事過了無痕，除非刻意去尋找，可見好文有緣看到亦不易。

　　為何有如此感慨？天下好書好文何其多，若不是好友介紹分享，只能在偶然的機緣才能拜讀，網際網路好文亦如是。我們有幸享受資訊日新月異的年代，十幾年來資訊進步，一日千里，潮流帶動流行的快速，看到老少人手一機，大眾傳播力量流行不可擋。要查尋資料，谷歌提供很方便，昔日要翻閱百科全書，如今語音查尋，求知迅速，不可同日而語。眼見紙本書已乏人問津，銷售不佳，關閉許多出版社及書局，始料未及吧！電子書報取代報章雜誌是不久將來的趨勢。十幾年來的變化何其大，網路的普及即將來臨的 5G 智慧手機，比 4G 要快上百倍。將文章存在部落格除了保存長久，點閱很方便。之故；六年來我已完成近 800 篇雜記小品文，除了出書還存放於部落格，也是要有緣人才能分享。

　　一篇好文、一句好話，啟發人的思維觀念，進而成就了「正見」、「正思維」是善知識，願每天都苟日新，日日新，又日新。

2019.03.19

198. 找出一片天

同學打來電話，聊起友人的一些心態與作法，彼此有相同看法，投緣一句話：「找出一片天。」我答允以此為文。

退休的人，要享有屬於自己快樂的方法；找出自己的一片天，做自己喜歡的事，常與喜歡的人。如一起登山、旅遊、打球、奕棋或唱歌、跳舞等等。

退休的人，要放下身段；忘掉昔日職場的身份地位與職場頭銜，做一個平凡的小百姓，沒有名與利的煩惱。

退休的人，要修心養性；不為別人的一句話而生氣，不要太在乎別人的言語挑撥而影響情緒。淡看風雲起落，何必在乎別人閒言閒語。

退休的人，要享受身心健康；沒有上班與工作的壓力，沒有自律神經失調的一些病痛，有好心情過好生活，無病無痛一身輕。

以上所言是老生常談，但要做到孔夫子所言，「六十而耳順，七十而從心所欲，不逾矩」，確實知易行難。總之做快樂的自己，找出一片天，是智者。

2019.03.21

199. 資訊之進步

　　透過 E-mail 傳兩份電子郵件，才發現操作很生疏，只因好久未曾使用，加上便捷的 Line、微信及臉書已取而代之。

　　真不敢想像，再過幾年，目前的智慧型手機亦將被取代。最近清理衣物，將昔日保存的錄音帶、錄影帶及高畫質的膠片全丟棄於垃圾筒，當年是如此珍惜保存，却抵擋不了潮流行的汰舊。檢視近十年來的電子通訊，超越近半世紀的進步，如今年輕人已不使用部落格，認為是落伍的網站。

　　我使用兩個部落格，「健群小品」保存自己寫的生活見聞，「健群行脚」轉 PO 網路好文，九年來我可隨心所欲點閱昔日文章，如今的 Line 每天有多少新資訊很快被覆蓋，要找尋資訊亦不易，除非存 Keep 或筆記本，之故；我仍喜愛大家認為落伍的部落格網站，您以為如何？

2019.03.25

200. 出書的心語

　　即將完成 200 篇小品文，可以出版第四本書的同時，我表達出書的心語。

　　民國 107 年元月分到 108 年 3 月分計 15 個月，陸續完成 200 篇小品文，平均每二至三天寫一篇，每月約寫 13 篇，寫小品文成了生活上的習慣。一則記錄我退休生活，二則表達所見事物的感想，分享好友。雖是雜記，但紀實生活。

　　有感目前紙本書已漸沒落，從電子書報可以方便點讀，買書報者漸少，出版社、書局銷售業績，日漸式微。所幸我出書不售書，只分享親朋好友，沒有銷售的壓力。

　　是生活的點滴，有時空的記實，兩年出一本書的心願，是一分恆心、毅力、堅持、願力，是自動自發，有願有力的實證。

2019.03.26